U0738255

跨境电子商务实训系列

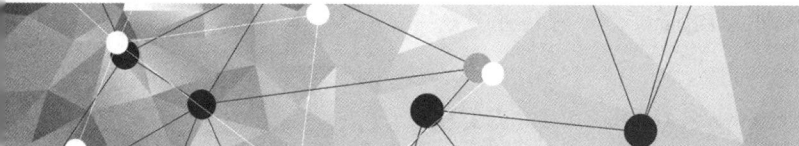

Kuajing Dianzi Shangwu
Zhifu yu Jiesuan Shiyan Jiaocheng

跨境电子商务
支付与结算实验教程

冯潮前 /主编

ZHEJIANG UNIVERSITY PRESS
浙江大学出版社

图书在版编目(CIP)数据

跨境电子商务支付与结算实验教程/冯潮前主编.
—杭州：浙江大学出版社，2016.1(2019.5 重印)

ISBN 978-7-308-15005-7

Ⅰ.①跨… Ⅱ.①冯… Ⅲ.①电子商务—银行业务—教材 Ⅳ.①F830.49

中国版本图书馆 CIP 数据核字（2015）第 190549 号

跨境电子商务支付与结算实验教程

冯潮前　主编

丛书策划	朱　玲
丛书主持	曾　熙
责任编辑	曾　熙
责任校对	杨利军　秦　瑕
封面设计	春天书装
出版发行	浙江大学出版社
	（杭州市天目山路 148 号　邮政编码 310007）
	（网址：http://www.zjupress.com）
排　　版	杭州林智广告有限公司
印　　刷	杭州杭新印务有限公司
开　　本	787mm×1092mm　1/16
印　　张	6.75
字　　数	110 千
版印次	2016 年 1 月第 1 版　2019 年 5 月第 4 次印刷
书　　号	ISBN 978-7-308-15005-7
定　　价	20.00 元

总　序

　　跨境电子商务是围绕国家"一带一路""中国制造"等战略的贸易产业新模式，是中国商品实现全球市场"贸易通"的重要路径，是"互联网十"助力传统贸易转型的具体形式，国务院总理李克强多次强调要大力发展跨境电子商务。当今经济社会，跨境电子商务人才奇缺，优秀的跨境电子商务人才可以说是一将难求。然而，高校在跨境电子商务人才培养方面存在的一个重要问题是缺乏系统性的跨境电子商务系列实训教材，导致高校跨境电子商务实践教学无法满足经济社会的需求。

　　浙江师范大学文科综合实验教学中心是国家级实验教学示范中心，紧跟国家经济发展战略的重点领域，对接以义乌为中心的浙中区域经济发展特色，在全国领先将跨境电子商务虚拟仿真实验教学作为学校实验教学的重点新兴发展领域，成立了跨境电子商务虚拟仿真实验教学分中心。中心与义乌的中国小商品城集团股份有限公司、阿里巴巴全球速卖通、浙江金义邮政电子商务示范园、金华跨境通等企业开展深度校企合作。中心组织师资团队对跨境电子商务行业领域开展了广泛的调研，明确了跨境电子商务人才所需具备的基本技能与专业技能，并针对这些技能开发跨境电子商务实训系列教材，从而为提高高校跨境电子商务人才培养的教学，尤其是实验教学起到促进作用。

　　跨境电子商务实训系列教程既可以作为高校电子商务、国际贸易、市场营销等专业的相关实践类课程或理论与实践相结合课程教学的参考教材，也可以作为跨境电子商务从业人员培训或自学的参考教材。计划出版的跨境电子商务实训系列教程全套共 15 本,第一期已完成出版的实验教程有 7 本,分别为:《跨境电子商务平台选择与运营仿真实验教程》(段文奇主编)、《跨境电子商务支付与结算实验教程》(冯潮前主编)、《国际贸易实务仿真模拟实验教程》(徐燕主编)、《物流与供应链虚拟仿真实验》(曹清玮主编)、《电子商务基础实验教程》(黄海滨主编)、《网页设计与制作实验教程》(许德武主编)、《数据库技术与应用实验教程》(张俊岭主编)。第二期将继续推进出版的实验教程有 8 本,分别为:《跨境电子商务运营数据分析与优化实验教程》《跨境网络营销与推广仿真实验教程》《B2C 跨境电子商务运营决策与流程仿真实验教程》《B2B 跨境电子商务国际物流仿真实验教程》《义乌购出口跨境电子商务运营实操教程》《进口跨境电子商务运营实操教程》《程序设计实验教程》《移动电子商务开发实验教程》。

跨境电子商务实训系列教程的出版是浙江师范大学跨境电子商务虚拟仿真实验教学中心师资团队集体智慧的结晶,本人作为这套系列教程体系的设计者和组织者,对大家的辛勤付出深表敬意。教材出版过程中还得到了浙江师范大学实验室管理处林建军处长、潘蕾副处长,浙江师范大学经济与管理学院郑文哲教授、包中文主任,浙江大学出版社金更达编审、朱玲编辑等出版社工作人员等的大力支持,在此一并感谢。

跨境电子商务虚拟仿真实验教学中心主任　孙洁

2015 年 7 月 6 日

目录

第一部分　跨境支付与结算的理论及其发展

第一章　跨境贸易的支付与结算　/3

第一节　跨境贸易的国际支付方式　/3

第二节　跨境贸易的国际结算方式　/13

第二章　跨境电子商务支付与结算的发展现状及前景　/16

第一节　我国跨境电子商务支付与结算的发展现状　/16

第二节　我国跨境电子商务平台及其主要支付方式　/18

第三节　我国跨境电商支付与结算的发展前景　/21

第二部分　跨境电子商务支付与结算实验项目

第三章　实验项目1：国际电汇　/27

第一节　实验目的和实验内容　/28

第二节　实验方法和实验步骤　/28

第三节　相关案例　/34

第四章　实验项目2：国际信用卡支付与结算　/43

第一节　实验目的和实验内容　/43

第二节　实验方法和实验步骤　/44

第三节　相关案例　/ 48

第五章　实验项目3：网上信用证支付与结算　/54

第一节　实验目的和实验内容　/ 54

第二节　实验方法和实验步骤　/ 55

第三节　相关案例　/ 67

第六章　实验项目4：跨境银行转账　/69

第一节　实验目的和实验内容　/ 69

第二节　实验方法和实验步骤　/ 70

第三节　相关案例　/ 74

第七章　实验项目5：PayPal 支付与结算　/78

第一节　实验目的与实验内容　/ 78

第二节　实验方法和实验步骤　/ 79

第三节　eBay 开通和使用　/ 82

第四节　相关案例　/ 84

第八章　实验项目6：西联汇款　/87

第一节　实验目的和实验内容　/ 88

第二节　实验方法和实验步骤　/ 88

第三节　相关案例　/ 95

后记　/ 100

第一部分 <<<<

跨境支付与结算的理论及其发展

第一章　跨境贸易的支付与结算

相对于原来国际贸易中的支付和结算，跨境电子商务支付与结算是近年来兴起和发展起来的新生事物。为了让学生更好地理解和把握这种崭新的支付方式及工具，本章有必要介绍一下原来国际贸易中的支付和结算，也即传统意义上的国际支付与结算。

第一节　跨境贸易的国际支付方式

国际支付（International Payments）是指在国际经济活动中的当事人以一定的支付工具和方式，清偿因各种经济活动而产生的国际债权债务的行为。它通常是在国际贸易中所发生的、由履行金钱给付义务当事人履行义务的一种行为。

一、国际支付特征

（一）国际支付产生的原因是国际经济活动引起的债权债务关系

国际经济活动包括国际贸易活动与非国际贸易活动。国际贸易活动指国际贸易中的不同当事人之间的货物、技术或服务的交换等活动，由此产生如货款、运输费用、佣金、保险费、技术费等需要支付与结算的事项。非国际贸易活动是指除国际贸易活动以外的各类行为，如国际投资、国际借贷、各类国际文化艺术活动等。

（二）国际支付的主体是国际经济活动中的当事人

国际经济活动中的当事人依据不同的活动而定。如在货物买卖中,当事人是指双方营业地处在不同国家的人,且有银行参与。

（三）国际支付是以一定的工具进行支付的

国际支付的工具一般为货币与票据。一方面,由于国际支付当事人一般是国与国之间的自然人、法人,而各国所使用的货币不同,这就涉及货币的选择、外汇的使用,以及与此有关的外汇汇率变动带来的风险问题;另一方面,为了避免直接运送大量货币所引起的各种风险和不便,就涉及票据的使用问题,与此相关的是各国有关票据流转的一系列复杂的法律问题。

（四）国际支付是以一定的方式来进行的

在国际贸易中,买卖双方通常从自身利益考虑,总是力求在货款收付方面能得到较大的安全保障,尽量避免遭受钱货两空的损失,并想在资金周转方面得到某种融通。这就涉及如何根据不同情况,采用国际上长期形成的汇付、托收、信用证及国际保理等不同的支付方式,来处理好货款收付中的安全保障和资金融通问题。

二、国际支付方式

国际经济活动中使用较多的支付方式有两种:直接支付方式与间接支付方式。直接支付方式是指只由国际经济活动中的当事人即交易双方与银行发生关系的支付方式。实践中常用的有:汇付、托收、信用证。间接支付是指支付行为除了交易双方与银行外,还有其他主体参加的方式。实践中越来越多地使用的国际保理即为间接支付方式。具体主要有以下几种:

（一）汇付

汇付（Remittance）,又称汇款,即付款人主动通过银行或其他途径将款项汇给收款人,是最简单的支付方式。汇付属于商业信用,是否付款取决于进口商（买方）或服务接受方,付款没有保证。采用此方式对国际经济活动中的当事人来讲都有风险。因此,除非买卖双方有某种关系或小数额的支付,一般很少使用汇付。

1. 汇付的种类

（1）信汇（M/T）

指汇出行应汇款人的申请,将信汇委托书寄给国外汇入行,授权解付一定金额给收款人的一种汇款方式。

（2）电汇（T/T）

指汇出行应汇款人的申请，拍发加压电报、电传给国外的分行或代理人解付一定金额给收款人的一种汇款方式。

（3）票汇（D/D）

指汇款人使用汇票、本票或支票等支付工具，将货款主动支付给收款人。

2．汇付的性质

汇付属于顺汇性质，因为使用的结算工具的传递方向从买方流向卖方，与资金的流向一致。

汇付属于商业信用，因为采用汇付方式，是否按照合同的规定履行付款义务和何时履行付款义务，完全依靠买方的信用，银行在其间完全是付款人的代理，只提供服务，不承担付款的责任。

3．汇付方式的适用范围

汇付方式通常用于预付货款、货到付款。此外，汇付方式还用于订金、货款尾数、佣金等小金额的支付。

（二）托收

托收（Collection）是指由接到托收指示的银行根据所收到的指示处理金融单据和/或商业单据以便取得付款或承兑，或凭付款或承兑交出商业单据，或凭其他条款或条件交出单据（托收是出口人委托银行向进口人收款的一种方式）。

托收属于逆汇，因为在托收中，作为结算工具的单据和单据的传送与资金的流动呈相反的方向。

1．托收的种类

最常用的托收类型是光票托收和跟单托收。

（1）光票托收

指金融票据不附带商业票据的托收。光票托收主要用于小额交易、预付货款、分期付款以及收取贸易的从属费用等。

（2）跟单托收

跟单托收是指金融单据附有商业单据或不用金融单据的商业单据的托收。跟单托收根据交付货运条件的不同，可分为：

① 付款交单

付款交单（Documents against Payment,D/P）是指卖方（出口人）的交单是以进口人的付款为条件。

其基本做法是：卖方根据买卖合同先行发货，取得货运单据，然后将汇票连同整套货运单据交给银行办理托收，并指示银行只有在买方付清货款时才能交出货运单据。付款交单按照付款的时间不同，又可以分为：

即期付款交单（D/P at Sight）：出口人通过银行向进口人提示汇票和货运单据，进口人见票时即须付款，在付清货款后录取货运单据（使用即期汇票，见票即付，付款交单）。

远期付款交单（D/P after Sight）：出口人通过银行向进口人提示汇票和货运单据，进口人即在汇票上承兑，并于汇票到期日付清货款后再从银行领取货运单据（使用远期汇票，见票承兑，到期付款，付款赎单）。

② 承兑交单

承兑交单（Documents against Acceptance,D/A）是指代收行的交单以进口方在汇票上承兑为条件。即出口人在装运货物后开具远期汇票，连同货运单据，通过银行向进口人提示，进口人承兑汇票后，代收行即将商业单据交给进口人，在汇票到期时，方履行付款义务。

2. 托收的性质

托收属于商业信用。银行完全根据卖方的指示来处理，到底银行是否能收到货款，依赖买方的信用。

3. 托收的使用

托收方式对买方比较有利，费用低，风险小，资金负担小，甚至可以取得卖方的资金融通。

（三）信用证

信用证（Letter of Credit,L/C）是开证银行（简称开证行）应开证申请人的申请签发的、在满足信用证要求的条件下，凭信用证规定的单据向受益人付款的一项书面凭证。以信用证支付方式付款，是由开证银行自身的信誉为卖方提供付款保证的一种书面凭证。通常，只要出口商按信用证书面规定的条件提交单据，银行就必须无条件地付款，所以卖方的货款就会得到可靠的保障。而进口商则可以在付款后保证获得符合信用证条件的所有货运单据。

1. 信用证的种类

（1）保兑信用证

是由开证行以外的另一家银行（保兑行）应开证行的请求，对信用证加以保兑的信用证。

（2）即期信用证、延期付款信用证、承兑信用证、议付信用证

即期信用证：是指付款行收到符合信用证条款的跟单汇票及装运单据后，立即履行付款义务的信用证。

延期付款信用证：指开证行承诺在收益人交单一定时期后付款的信用证。

承兑信用证：是开证行或付款行在收到符合信用证规定的远期汇票和单据时，先在汇票上履行承兑手续，于汇票到期日再付款。

议付信用证：即开证行在信用证中，邀请其他银行买入汇票和/或单据的信用证。

（3）可转让信用证和不可转让信用证

可转让信用证（Transferable L/C），是指信用证特别规定它是可转让的。可转让信用证只能转让一次，即只能由第一受益人转让给第二受益人，第二受益人不能要求将信用证转让给其后的第三受益人。如果信用证允许分批装运，在总和不超过信用证金额的前提下，可分别按若干部分办理转让，即同时转让给几个受益人，该项转让的总和，将被认为只构成信用证的一次转让。

不可转让信用证（Non-transferable L/C），是指受益人不能将信用证的权利转让给他人的信用证。凡是信用证中未注明"可转让"字样的就是不可转让信用证。

（4）对背信用证

对背信用证指原信用证的受益人以原证为担保品，要求银行以第三人为受益人另行开立的一张与原证内容相似的新信用证。对背信用证常用于中间商转售他人货物。

（5）对开信用证

对开信用证是指两张信用证相互对开，即第一张信用证的受益人和开证申请人分别是第二张信用证的开证申请人和受益人，此种信用证适用于易货贸易和加工贸易中。

2. 信用证的特点

（1）开证行负首要付款责任

在信用证业务中，开证行对受益人的付款责任不仅是第一性的，而且是独立

的和终局的。

（2）信用证是一种自足文件

信用证是根据买卖合同开立的，但信用证一经开出，就成为独立于买卖合同之外的开证行和受益人之间的约定，信用证的各当事人的权利和责任完全是以信用证所列条款为依据，不受买卖合同的约定。

（3）信用证是一种纯单据业务

银行处理信用证时，只看单据，不管货物。只要受益人提交符合信用证条款的单据，开证行就应承担付款责任，进口人也应接受单据并向开证行付款赎单（见图1-1）。

3．信用证的使用

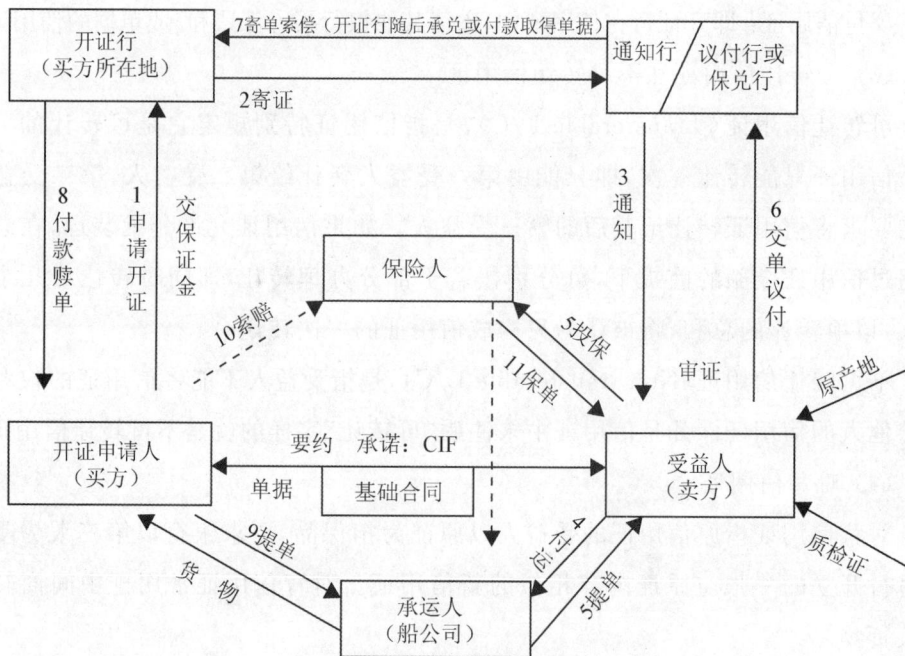

图1-1　信用证的使用方法

（四）国际保理

国际保理（International Factoring）又称为承购应收账款。指在以商业信用出口货物时（如以 D/A 作为付款方式），出口商交货后把应收账款的发票和装运单据转让给保理商，即可取得应收取的大部分贷款，日后一旦发生进口商不付或逾期付款，则由保理商承担付款责任，在保理业务中，保理商承担第一付款责任。

国际保理业务，即国际保付代理业务，是发达国家普遍使用的一种对外贸易短期融资收取货款的方式。它对于进出口商均有一定好处。现代国际保理业务融现代信息技术和国际金融业务于一身,因而其业务量发展十分迅速,已经发展成为国际贸易支付中有效的竞争手段。

1. 国际保理分类

由于各个国家和地区的商业交易习惯及法律法规的不同,各国办理国际保理业务的内容以及做法也有不同。根据保理业务的性质、服务内容、付款条件、融资状况等方面存在的差异,我们可以将保理业务进行以下分类:

(1) 预付融资

根据保理商对出口商提供预付融资与否,分为融资保理(Financial Factoring)和到期保理(Maturity Factoring)。融资保理又叫预支保理,是一种预支应收账款业务。当出口商将代表应收账款的票据交给保理商时,保理商立即以预付款方式向出口商提供不超过应收账款80%的融资,剩余20%的应收账款待保理商向债务人(进口商)收取全部货款后,再行清算。这是比较典型的保理方式。到期保理是指保理商在收到出口商提交的、代表应收账款的销售发票等单据时并不向出口商提供融资,而是在单据到期后,向出口商支付货款。

(2) 保理商公开

根据保理商公开与否,也即销售货款是否直接付给保理商,分为公开型保理(Disclosed Factoring)和隐蔽型保理(Undisclosed Factoring)。公开型保理是指出口商必须以书面形式将保理商的参与通知进口商,并指示他们将货款直接付给保理商,国际保理业务多是公开型的。隐蔽型保理是指保理商的参与是对外保密的,进口商并不知晓,货款仍由进口商直接付给出口商。这种保理方式往往是出口商为了避免让他人得知自己因流动资金不足而转让应收账款,并不将保理商的参与通知给买方,货款到期时仍由出口商出面催收,再向保理商偿还预付款。至于融资与有关费用的清算,则在保理商与出口商之间直接进行。

(3) 保理商索权

根据保理商是否保留追索权,分为无追索权保理(Non-recourse Factoring)和有追索权保理(Recourse Factoring)。在无追索权保理中,保理商根据出口商提供的名单进行资信调查,并为每个客户核对相应的信用额度,在已核定的信用额度内为出口商提供坏账担保。出口商在有关信用额度内的销售,因为已得到保理商的核准,所以保理商对这部分应收账款的收购没有追索权。由于债务人资信问题所造成的呆账、坏账损失均由保理商承担。国际保理业务大多是这类无追索权保理。有追索权保理中,保理商不负责审核买方资信,不确定信用额度,不提供坏账担保,只提供包括贸易融资在内的其他服务。如果因债务人清偿能力不足而形成呆账、坏账,保理商有权向出口商追索。

（4）单保理和双保理

根据其运作机制是否涉及进出口两地的保理商,分为单保理和双保理。单保理是指仅涉及一方保理商的保理方式。如在直接进口保理方式中,出口商与进口保理商进行业务往来;而在直接出口保理方式中,出口商与出口保理商进行业务往来。涉及买卖双方保理商的保理方式则叫作双保理。国际保理业务中一般采用双保理方式,即出口商委托本国出口保理商,本国出口保理商再从进口国的保理商中选择进口保理商。进出口国两个保理商之间签订代理协议,整个业务过程中,进出口双方只需与各自的保理商进行往来。

2. 国际保理的业务流程

国际保理的业务流程如图 1-2 所示。

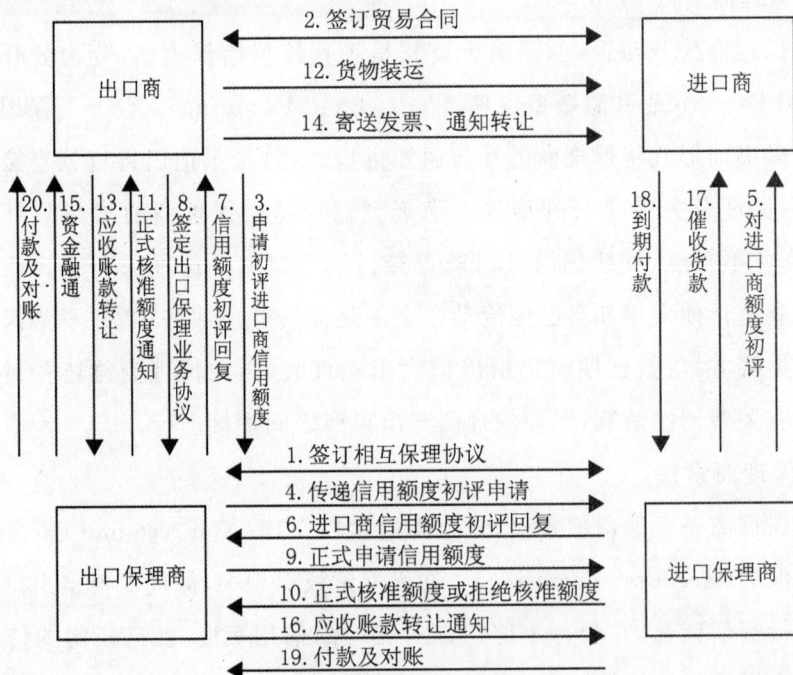

图 1-2　国际保理的业务流程

（五）福费廷

福费廷（Forfeiting，原意为丧失、没收）是指改善出口商现金流和财务报表的无追索权融资方式，包买商从出口商那里无追索地购买已经承兑的、并通常由进口商所在地银行担保的远期汇票或本票的业务就叫作包买票据，音译为福费廷。

福费廷业务是一项与出口贸易密切相关的新型贸易融资业务产品，是指银行或其他金融机构无追索权地从出口商那里买断由于出口商品或劳务而产生的应收账款。是提前获得货款的一种资金融通形式。相对于其他贸易融资业务，福费廷业务的最大特征在于无追索权，也就是出口企业通过办理福费廷业务，无须占用银行授信额度，就可从银行获得100％的便利快捷的资金融通，改善其资产负债比率，同时，还可以有效地规避利率、汇率、信用等各种风险，为在对外贸易谈判中争取有利的地位和价格条款、扩大贸易机会创造条件。

1. 福费廷特点

（1）福费廷业务中的远期票据产生于销售货物或提供技术服务的正当贸易，包括一般贸易和技术贸易。

（2）福费廷业务中的出口商必须放弃对所出售债权凭证的一切权益，做包买票据业务后，将收取债款的权利、风险和责任转嫁给包买商，而银行作为包买商也必须放弃对出口商的追索权。

（3）出口商在背书转让债权凭证的票据时均加注"无追索权"字样（Without Recourse），从而将收取债款的权利、风险和责任转嫁给包买商。包买商对出口商、背书人无追索权。

（4）传统的福费廷业务，其票据的期限一般在1～5年，属中期贸易融资。但随着福费廷业务的发展，其融资期限扩充到1个月至10年不等，时间跨度很大。

（5）传统的福费廷业务属批发性融资工具，融资金额为10万美金至2亿美金。可融资币种为主要交易货币。

（6）包买商为出口商承做的福费廷业务，大多需要进口商的银行做担保。

（7）出口商支付承担费（Commitment Fee）。在承担期内，包买商因为对该项交易承担了融资责任而相应限制了他承做其他交易的能力，以及承担了利率和汇价风险，所以要收取一定的费用。

（8）期限。福费廷属于中期融资，融资期限可长达10年。

（9）担保方式。主要有两种：一种是保付签字，即担保银行在已承兑的汇票或本票上加注"Per Aval"字样，并签上担保银行的名字，从而构成担保银行不可撤销的保付责任；另外一种是由担保银行出具单独的保函。

（10）无追索权条款。福费廷业务项下银行对出口商放弃追索权的前提条件是出口商所出售的债权是合法有效的。因此，银行通常在与出口商签订的福费廷业务协议中约定，如因法院止付令、冻结令等司法命令而使该行未能按期收到债务人或承兑/承付/保付银行的付款，或有证据表明出口商出售给该行的不是源于正当交易的有效票据或债权时，银行对出口商保留追索权。

2. 福费廷的适用对象

做福费廷业务的企业需具有进出口经营权并具备独立法人资格。由于福费廷业务主要提供中长期贸易融资，所以从期限上来讲，资本性物资的交易更适合福费廷业务。以下情况适合做福费廷交易：

（1）为改善财务报表，需将出口应收账款从资产负债表中彻底剔除。

（2）应收账款收回前遇到其他投资机会，且预期收益高于福费廷全部收费。

（3）应收账款收回前遇到资金周转困难，且不愿接受带追索权的融资形式或占用宝贵的银行授信额度。

3. 福费廷业务流程

福费廷业务流程如图 1-3 所示。

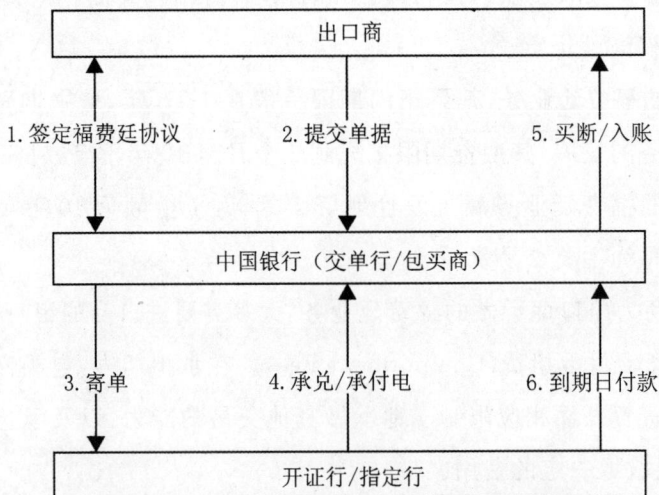

图 1-3 福费廷业务流程

第二节 跨境贸易的国际结算方式

国际结算(International Settlements)是指由于国际政治、经济、文化、外交、军事等方面的交往或联系而发生的以货币表示债权债务的清偿行为或资金转移行为。分为有形贸易和无形贸易类。有形贸易引起的国际结算为国际贸易结算;无形贸易引起的国际结算为非贸易结算。

国际进行贸易和非贸易往来而发生的债权债务,要用货币收付,在一定的形式和条件下结清,这样就产生了国际结算业务。国际结算方式是从简单的现金结算方式,发展到比较完善的银行信用证方式,货币的收付形成资金流动,而资金的流动又须通过各种结算工具的传送来实现。所以,国际支付和国际结算往往是密不可分的,国际支付是过程,国际结算是结果。

国际结算与国内结算是有区别的,主要表现在:

第一,货币的活动范围不同。国内结算在一国范围内,国际结算是跨国进行的。

第二,使用的货币不同。国内结算使用同一种货币,国际结算则使用不同的货币。

第三,遵循的法律不同。国内结算遵循同一法律,国际结算遵循国际惯例或根据当事双方事先协定的仲裁法。

一、国际结算的特点

(1)国际结算首先是跨国结算,收付双方处在不同的国度,是异地结算中的特殊情况。

(2)由于收付双方处在不同的法律制度下,受到各自国家主权的限制,不能把任何一方的通行情况施之于对方,只能采用国际结算统一惯例为法律准则,协调双方之间的关系,并相互约束。

(3)国际结算必须采用收付双方都能接受的货币为结算货币,为了支付方便和安全,一般采用国际通行的结算货币,如美元、欧元、英镑等,特殊情况也有例外。

（4）国际结算主要通过各种信用工具和支付手段进行，如信用证、银行保函、汇票、本票、期票等，极少采用现金或贵金属货币（黄金、白银）支付。

（5）国际结算主要通过银行为中间人进行结算，以确保支付过程安全、快捷、准确、保险及便利。

（6）由于国际结算一般采用不同于支付双方本国的货币为结算货币，在结算过程中有一定的汇兑风险。

二、国际结算常用方式

（一）汇付和托收结算方式

汇付和托收是国际贸易中常用的货款结算方式。

（1）汇付（Remittance），又称汇款，是付款人通过银行，使用各种结算工具将货款汇交收款人的一种结算方式。属于商业信用，采用顺汇法。

国际汇兑结算是一种通行的结算方式，共有四个当事人：汇款人、收款人、汇出行、汇入行。（参见国际支付方式中相应内容）

（2）托收（Collection）是出口人在货物装运后，开具以进口方为付款人的汇款人的汇票（随附或不随付货运单据），委托出口地银行通过它在进口地的分行或代理行代出口人收取货款一种结算方式。属于商业信用，采用的是逆汇法（可参见国际支付方式中相应内容）。

（二）信用证结算

1. 信用证结算方式简介

信用证（Letter of Credit，简称 L/C）方式，是银行信用介入国际货物买卖价款结算的产物。它的出现不仅在一定程度上解决了买卖双方之间互不信任的矛盾，而且还能使双方在使用信用证结算货款的过程中获得银行资金融通的便利，从而促进了国际贸易的发展。因此，被广泛应用于国际贸易之中，成为当今国际贸易中的一种主要的结算方式。

信用证是进口国银行应进口商要求，向出口商开出的，在一定条件下保证付款的一种书面文件，即有条件的银行付款保证。信用证是一种由银行依照客户的指示和要求开立的有条件承诺付款的书面文件。一般分为不可撤销的跟单信用证和可撤销的跟单信用证。最新的 UCP 600 规定银行不可开立可撤销信用证（注：常用的都是不可撤销信用证）。

信用证业务涉及六个方面的当事人：开证申请人、开证行、通知行、收益人、议付银行、付款银行。

2．信用证业务基本程序

（1）进口商向进口国银行申请开立信用证

（2）进口国银行开立信用证。

（3）出口国银行通知转递或保兑信用证。

（4）出口国银行议付及索汇。

（5）进口商赎单提货（参见国际支付方式中相应内容）。

（三）银行保函（Banker's Letter of Guarantee，简称 L/G）

又称银行保证书、银行保证函，或简称保函，它是指银行应委托人的申请向受益人开立的一种书面凭证，保证申请人按规定履行合同，否则由银行负责偿付款（参见国际支付方式中相应内容）。

（四）国际保理（International Factoring）

国际保理又称为承购应收账款。指在以商业信用出口货物时（如以 D/A 作为付款方式），出口商交货后把应收账款的发票和装运单据转让给保理商，即可取得应收取的大部分贷款，日后一旦发生进口商不付或逾期付款，则由保理商承担付款责任，在保理业务中，保理商承担第一付款责任（参见国际支付方式中相应内容）。

第二章　跨境电子商务支付与结算的
　　　　　　　发展现状及前景

第一节　我国跨境电子商务支付与结算的发展现状

近年来,我国进出口增速总体趋缓。海关统计数据显示,2010 年,我国传统贸易增长率为 34.7%,2011 年同比增长 22.5%,2012 年同比增长 6.2%,2013 年同比增长 7.6%,2014 年同比增长 2.3%。一方面是我国传统外贸增长乏力,另一方面则是我国跨境电子商务交易的快速发展。传统进出口企业、机构纷纷利用各自的固有优势,开始大规模的进入线上跨境电子商务市场。中国以阿里巴巴、敦煌网、兰亭集势等为代表,国际主要以亚马逊、易贝等为代表。PayPal、中国邮政等服务商也成为跨境电商产业链中的重要力量。我国跨境电子商务一跃成为我国外贸新的增长点,成为国际贸易的新方式和新手段。2011 年跨境电商交易额达到 1.74 万亿元,同比增长 45.7%;2012 年跨境交易额 2.09 万亿元,同比增长超过 20.1%;2013 年中国跨境电商市场交易额为 2.70 万亿元,同比增长 28.8%,跨境电子商务增速远高于外贸增速,如图 2-1 所示。

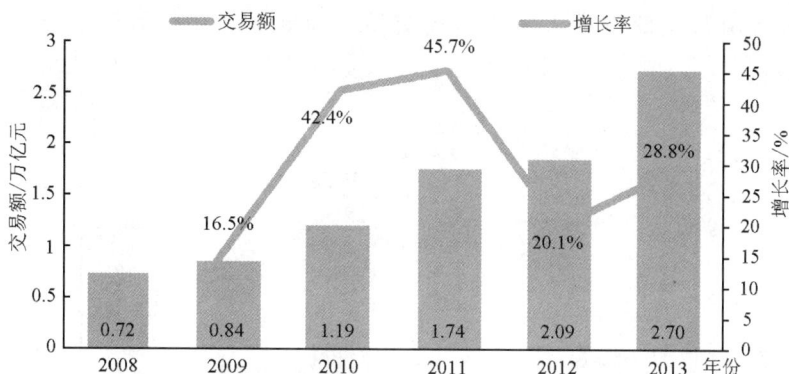

图 2-1 2008—2013 年中国跨境电商市场交易规模

2013 年口电商交易额为 2.40 万亿人民币,增长 25.8%（见图 2-2）。而 2013 年进口电商交易额 0.32 万亿,增长 57.9%,进口电商发生大幅上涨得益于内贸市场的繁荣。未来,出口电商仍然为跨境电商的主角。

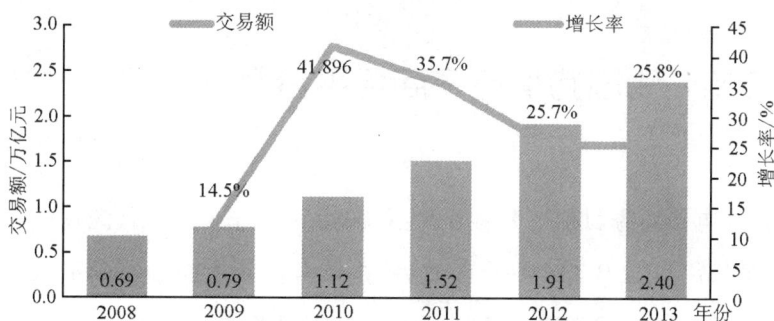

图 2-2 2008—2013 年中国出口电商交易规模

2013 年出口电商中 B2B 市场交易额为 2.17 万亿人民币,增长 25.4%（见图 2-3）。出口电商 B2C 市场交易额 0.2 万亿人民币,增长 27.8%。

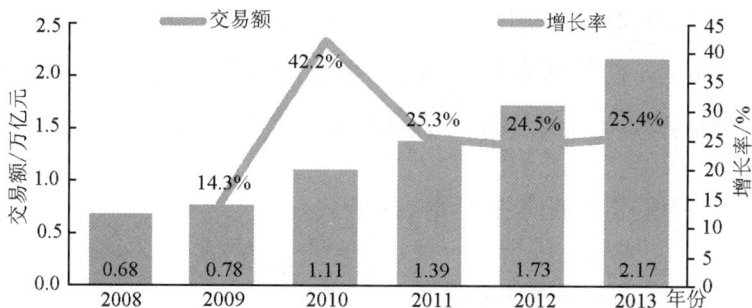

图 2-3 2008—2013 年中国出口电商 B2B 市场交易规模

2013 年出口电商中网上零售市场交易额为 0.230 万亿人民币,增长 27.8%
(见图 2-4)。

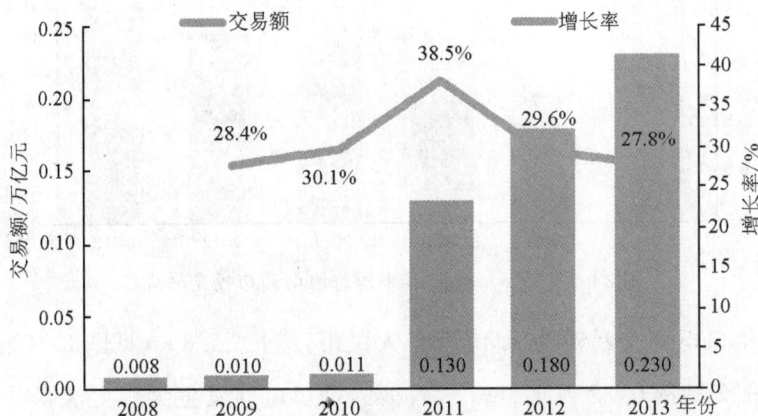

图 2-4　2008—2013 年中国出口电商网上零售市场交易规模

第二节　我国跨境电子商务平台及其主要支付方式

　　我国跨境电子商务目前主要有五种不同的商业模式:一是传统跨境大额交易平台模式;二是门户型 B2B 综合平台模式;三是综合型垂直跨境小额平台(B2C、C2C、B2B)模式;四是第三方服务平台(代运营)模式;五是垂直型跨境小额交易网站(独立 B2C)模式。将来,随着跨境电子商务政策的完善,跨境电子商务运营环境的健全和电子商务运营方式的创新,可能出现新型的跨境电子商务模式。随着我国进出口贸易在全球市场份额的提升和我国对互联网的大力支持,我国跨境电子商务的发展会更快,跨境电子商务支付市场也将迎来更好的发展机遇。现在,我国个人用户跨境支付活动主要分布于跨境网络消费、跨境转账汇款,其中用于跨境网络消费的跨境支付网民比例最高为 65.7%,最常使用的跨境支付网民占 39.5%。

一、目前跨境电子商务主要平台(模式)

(一)传统跨境大额交易平台模式

　　与当前跨境电子商务(以下简称跨境电商)经营模式相对应,跨境电商支付结算方式也有所不同。传统跨境大额交易平台（大宗 B2B）模式主要为中国外贸领域规模以上 B2B 电子商务企业服务，如为境内外会员商户提供网络营销平台，传递供应商或采购商等合作伙伴的商品或服务信息，并最终帮助双方完成交易。

传统跨境大额交易平台的典型代表有 eBay、阿里巴巴国际站、环球资源、made-in-china、Directindustry 等。大宗交易平台仅提供买家和买家信息，提供商家互相认识的渠道，不支持站内交易。外贸交易主要以线下支付为主，金额较大。因此，线下支付一般采用 T/T、L/C、西联等方式。

（二）门户型 B2B 综合平台模式

主要提供交易、在线物流、纠纷处理、售后等服务。目前，这种跨境平台主要有敦煌网、Aliexpress、eBay 和慧聪网等。门户型平台的市场集中度较高，敦煌网的市场份额已经超过 60%，这种平台模式多采用线上支付，支付方式主要包括 PayPal、V/MA 等方式。

（三）综合型垂直跨境小额平台（B2C、C2C 及 B2B）模式

主要提供交易、在线支付、物流、纠纷处理和售后服务等，以小额批发零售为主。代表性平台有兰亭集势（Light in the Box）、米兰网、大龙网、chinavasion、tomtop 等。这种模式普遍采用线上支付，如 PayPal、信用卡和借记卡等。

（四）第三方服务平台（代运营）模式

这种平台模式不参与电子商务的交易过程，专门为各类小额跨境电子商务公司提供整体解决方案，协助客户提供交易后台的支付、物流及客服服务，属于专业平台技术支持方和运营方。支付方式按客户需求，可有多种选择。

（五）垂直型跨境小额平台（独立 B2C）

这种平台模式一般通过自建 B2C 平台，将商品销往海外，其主要业务包括交易、物流、支付和客服等。这种模式与综合型垂直平台一样，普遍采用线上支付，如 PayPal、信用卡和借记卡等。

二、目前跨境电子商务主要支付方式

跨境电子商务的业务模式不同，采用的支付结算方式也存在着差异。跨境电子支付业务会涉及资金结售汇与收付汇。从支付资金的流向来看，跨境电商进口

业务(包括个人消费者海淘)涉及跨境支付购汇,购汇途径一般有第三方购汇支付、境外电商接受人民币支付、通过国内银行购汇汇出等。跨境电商出口业务涉及跨境收入结汇,其结汇途径主要包括第三方收结汇、通过国内银行汇款、以结汇或个人名义拆分结汇流入、通过地下钱庄实现资金跨境收结汇等。

三、我国跨境电子商务的主要支付渠道与支付机构

（一）我国跨境电商的主要支付渠道

我国用户跨境转账汇款渠道主要有第三方支付平台、商业银行和专业汇款公司。数据显示,我国使用第三方支付平台和商业银行的用户比例较高,其中第三方支付平台使用率更高。相比之下,第三方支付平台能同时满足用户对跨境汇款便捷性和低费率的需求,这也是第三方支付平台受到越来越多用户青睐的理由。从目前来看,跨境转账汇款用户使用在线跨境支付方式较多。2012—2013 年中国跨境转账汇款使用境内第三方网上支付、网银线上支付、境外第三方网上支付和信用卡在线支付的跨境转账汇款网民占比分别为 18.9%、16.6%、14.1%和 12.8%,总体占比 62.5%。此外,"信用卡刷卡支付"在整体偏好中占比为 15.5%。

（二）我国跨境电商的主要支付机构

从目前支付业务发展情况看,我国跨境电子支付机构主要有境内外第三方支付机构、银联和银行。从我国跨境电商支付的影响力看,境内外第三方支付机构成为用户的首选。目前,PayPal 作为全球最大的在线支付公司,在第三方支付机构中占据重要地位。PayPal 业务支持全球 190 个国家和地区的 25 种货币交易,尤其在欧美普及率极高。同时,PayPal 还是在线支付行业标准的制定者,在全球支付市场中获得认可,拥有很高的知名度和品牌影响力。中国跨境交易的用户也受此影响,更多的选择了 PayPal。尤其是个人海淘用户和跨境 B2C 出口,其使用率更高。

支付宝凭借国内第三方支付的良好基础,逐步进军跨境电商支付行列。2007年 8 月,支付宝与中国银行等银行机构合作,推出跨境支付服务。从 2009 年开始,支付宝先后和维萨(VISA)和万事达卡(MasterCard)进行合作,这两大全球发卡机构在中国港澳台地区的持卡用户都可通过支付宝在境内的淘宝网进行购物,从而

完成双向的跨境支付服务。目前,支付宝的跨境支付服务已覆盖 34 个国家和地区,支持美元、英镑、欧元、瑞士法郎等十多种外汇结算。

财付通与美国运通(AmericanExpress)合作,其网络支付服务能够借道美国运通,实现在美、英两国 glob aleshop 等热门购物网站跨境在线购物和支付。

快钱则从 2012 年年初推出适合外贸电商用户的一揽子跨境支付、国际收汇服务方案,通过与西联汇款的合作,实现自动化的汇款支付处理,帮助外贸电商消除烦琐的结汇流程与规避风险。目前,快钱能够支持总量达 15 亿张信用卡的 VISA、MasterCard、AmericanExpress、JCB 等国际卡支付,为外贸电商提供一体化结汇服务和专业化的风控服务。

汇付天下则专注小微企业市场,重点在航空产业链等 B2B 商务市场,特别是在航空机票支付领域,汇付天下的市场份额近 50%。

银联的跨境支付起步也较早。银联卡 2004 年开通了中国香港、澳门地区服务。目前,银联卡可在中国境外 125 个国家和地区实现跨境支付。在国内,其跨境支付优势明显。

第三节　我国跨境电商支付与结算的发展前景

一、我国消费者跨境网购潮催生跨境电商支付和结算快速发展

第三方机构 eMarketer 数据显示,中国网购人群的跨境消费规模从 2010 年的 20 亿美元大幅增至 2014 年的 200 亿美元,其中美国产地的商品,从服饰到母婴用品均受到中国消费者的青睐。中国电商市场规模在 2013 年已经超过美国成为世界第一,并将会在未来五年再翻一倍。

2015 年 6 月 10 日,我国国务院常务会议明确提出"将消费金融公司试点扩至全国,部署促进跨境电子商务健康快速发展"的一系列举措,其中力推加快发展跨境电商,强调"一是优化通关流程,对跨境电子商务出口商品简化归类,实施经营主体和商品备案管理,对进出口商品采取集中申报、查验、放行和 24 小时收单等便利措施。二是落实跨境电子商务零售出口货物退免税政策。鼓励开展跨境电

子支付,推进跨境外汇支付试点,支持境内银行卡清算机构拓展境外业务。三是鼓励外贸综合服务企业为跨境电子商务提供通关、仓储、融资等服务。引导企业规范经营,打击违法侵权行为。四是鼓励跨境电子商务零售出口企业通过海外仓、体验店等拓展营销渠道,培育自有品牌和自建平台。合理增加消费品进口。促进外贸提速放量增效"。伴随着我国政府对跨境电商的种种支持和我国消费者对跨境网购的青睐,跨境支付和结算也必将迅猛发展。

二、我国第三方跨境支付市场将快速增长

从跨境电商出口看,2014年随着全球电商市场的高速增长,我国外贸电商发展面临较好的机遇,跨境电商有望迎来高速发展期。国务院办公厅转发商务部等部门2013年10月要求实施的《关于实施支持跨境电子商务零售出口有关政策意见的通知》,其中提出6项具体措施解决跨境电商在海关、检验检疫、税务和收付汇等方面存在的问题。主要目的就是要解决近年来我国迅速发展的跨境电子商务出现的新问题,特别是现行管理体制、政策、法规及现有环境条件已无法满足其发展要求的实际问题,支持跨境电子商务零售出口健康快速发展。

跨境电商的高速发展,需要跨境支付的支撑,跨境支付市场无疑将成为支付领域新的增长点。以往受政策限制,在跨境支付业务中,第三方支付公司所提供的外贸收单主要还是在中国香港用美元结算,之后客户再通过其他渠道将资金转移至境内。而今第三方支付公司可直接在境内结汇给客户。跨境外汇支付的许可为中国第三方支付开辟了留学教育、航空机票及酒店住宿等服务贸易领域。国内支付公司提供更大范围的跨境支付服务成为可能,为支付公司开辟了更广阔的发展空间。

从跨境电商的进口来看,随着国内"海淘"需求日益强烈,跨境电商进口增长迅猛。据中国电子商务研究中心调查,海外代购市场交易规模连年翻番,交易额2011年为241亿元,2012年为483亿元,2013年达700亿元,跨境进口支付市场无疑是支付领域的另一片"蓝海"。虽然大部分外国网购网站都只是支持PayPal,但是使用PayPal账户进行支付也有其局限性,即境内消费者一旦把钱汇入PayPal,便无法在国内取出。这导致消费者在跨境消费时出现对交易安全的担忧。国家外汇管理局正在推进支付机构跨境电子商务外汇支付业务试点,获

得牌照的第三方支付公司即可通过银行为外贸电商提供外汇资金集中收付和结算的服务。此外，上海自贸区的东方支付等第三方支付机构，还将互联网支付产品由境内延伸至境外，打造跨境支付实时处理服务平台，全面实现客户通过第三方支付机构使用人民币进行海外购物，极大地方便了国内客户海外购物的需求。这些便利措施，将使得境内第三方支付机构抢占了更多的跨境电商支付业务市场份额。

三、我国跨境支付一站式综合服务体系将深受零售电商青睐

自 2013 年起，主管部门对跨境电商零售出口的结汇，开辟了两大通道：一条是从 2013 年 9 月开始的跨境外汇支付业务试点，至今已有 17 家企业取得试点资格，其中汇付天下等 10 家机构获得了货物贸易、留学教育、航空机票及酒店住宿等"全业务"试点牌照；另一条是 2014 年 2 月在上海自贸区开放的跨境人民币支付业务。央行上海分部下发了《关于上海市支付机构开展跨境人民币支付业务的实施意见》，支付机构可依托互联网，为境内外收付款人基于非自有贸易账户的真实交易需要转移人民币资金提供支付服务，跨境人民币支付业务为双向支付，包括境内对境外的支付和境外对境内的支付，不得轧差支付。虽然政府有关部门为我国跨境电商业务境内外人民币的支付和结算做了如此便利安排，但由于跨境外汇支付通道受制于境内机构在境外有限的影响力，境外用户还是习惯于使用认可度较高的信用卡和 PayPal，因而境内第三方支付机构能承接的业务量较小。人民币跨境支付通道则因人民币海外存量不足，少有买家用人民币付款。作为电商零售卖家，主流还是借地下钱庄换汇。此外，跨境电商零售模式下，卖家直接面对国外消费者，以销售个人消费品为主，物流方面主要采用航空小包、邮寄、快递等方式，其报关主体是邮政或快递公司，因而在检验检疫、结汇、出口退税等诸多环节都存在问题。

毋庸置疑，随着中国在国际舞台上地位的提高和人民币国际化进程的加快，我国跨境电商国际人民币支付和结算的种种便利会日益接近现实。

一站式跨境支付综合服务是跨境电商尤其是跨境 B2C 模式的迫切需要，深受欧美客户欢迎的 PayPal，除了开展互联网支付、移动支付、信用支付、线下支付等核心业务外，它还为消费者提供便捷、安全的支付选择，以及为客户提供更多的延

伸服务,比如提供跨境商业服务解决方案:代收代付、跨境电商、资金归集、咨询服务、O2O 服务等。甚至借助 eBay 在电商领域的资源积累,在支付、技术支撑及完善的金融服务体系方面,为电子商务行业及传统行业电商化提供综合解决方案,集合在线支付、移动支付、线下支付以及信用支付等多元化支付解决方案。将来还会进一步提供数据服务、营销服务、信贷金融服务等服务内容,通过对平台积累的庞大用户、商户交易信息进行数据挖掘和分析,为商户提供营销及供应链金融等增值服务。

面对我国跨境电商零售企业的诸多不便,相信我国的跨境支付机构,尤其是第三方支付机构未来将在政策支持下,加强与电子商务平台的合作,从网店的商品展示、贸易撮合,到在线签约及电子单证的拟定、资金托管,以及最终的支付结算、通关交付、出口退税等全程参与,提供一体化解决方案,实现全程无纸纯电子化交易,缩短交易周期,提升结算效率。

我们已经欣喜地看到这种趋势的出现,比较典型如上海自贸区的东方支付与跨境通平台;哈尔滨中俄跨境电子商务在线支付平台等。这类平台将集电子数据交换、身份认证、电子数据申报、数据整合汇总、数据控制管理、物流和通关状态信息查询为一体,实现网上支付、电话支付、便携终端支付(基于手机和 PC 机)、电子钱包支付等多种方式的跨境支付和结算。

总之,跨境电子商务支付与结算正与其他跨境电子商务服务一起迎来灿烂的明天。

第二部分

跨境电子商务支付与结算实验项目

第三章　实验项目1：国际电汇

❑ 知识点介绍

一、电汇

国际电汇是汇出行应汇款人的申请，拍发加押电报或电传给在另一国家的分行或代理行（汇入行），指示其解付一定金额给收款人的一种汇款方式。

国际电汇的特点是电汇方式收款较快，但手续费较高，因此只有在金额较大时或比较紧急的情况下，才使用电汇。此外，用电报通知时，资金在递时间很短，汇出银行能占用资金的时间很短，有时甚至根本不能占用资金。

电汇是汇款人将一定款项交存汇款银行，汇款银行通过电报或电传给目的地的分行或代理行（汇入行），指示汇入行向收款人支付一定金额的一种汇款方式。

二、票汇

票汇是汇出行应汇款人的申请，代汇款人开立以其分行或代理行为解付行的银行即期汇票（Banker's Demand Draft，D/D），支付一定金额给收款人的一种汇款方式。票汇是进口人向进口地银行购买银行汇票寄给出口人，出口人凭此向汇票上指定的银行取款的一种方式。汇出银行在开出银行汇票的同时，对汇入行寄发

"付款通知书",汇入行凭此验对汇票后付款。

三、信汇

信汇是指汇款人向当地银行交付本国货币,由银行开具付款委托书,用航空邮寄交国外分行或代理行,办理付出外汇业务。采用信汇方式,由于邮程需要的时间比电汇长,银行有机会利用这笔资金,所以信汇汇率低于电汇汇率,其差额相当于邮程利息。

第一节 实验目的和实验内容

一、实验目的

(1)了解国际电汇的特点,体验国际电汇的应用,感受国际电汇与票汇、信汇的区别。

(2)掌握国际电汇的支付流程。

二、实验内容

(1)申请银行账户(注:以下均以中国银行为例),并完成实名认证。

(2)登录中国银行网站(http://www.boc.cn/),体验国际电汇。

(3)注册敦煌网账户(http://seller.dhgate.com/),体验在敦煌网上进行交易。

(4)体验通过汇丰银行给敦煌网上的交易进行支付与结算。

第二节 实验方法和实验步骤

一、熟悉中国银行电汇的特点

1. 汇款网络覆盖广

中国银行在中国港澳台地区以及37个国家和地区拥有619家境外机构,在纽约、伦敦、法兰克福、东京等货币中心设有国际清算中心，与全球 179 个国家和地区的 1600 余家机构建立代理行关系，使汇款路径最大优化，令客户的汇款全球畅通无阻。

2. 汇款币种丰富

目前柜台可提供多达 14 种货币的电汇和票汇服务，包括美元、英镑、欧元、港币、新加坡元、日元、加拿大元、澳大利亚元、瑞士法郎、瑞典克朗、丹麦克朗、挪威克朗、澳门币、新西兰元。电子渠道已推出上述前 9 种主要货币的电汇服务。

3. 汇款安全便捷

电汇和票汇两类服务可供选择，满足客户对不同的金额、用途、时效性的要求；新增"全额到账服务"，事先锁定并预收中转费，确保汇款本金全额汇达收款人，目前已推出美元、欧元两款；支持常用汇款模板跨渠道使用，客户可通过柜台、网银或自助终端渠道办理汇款业务并保存为常用模板，在任一渠道再次汇款时可直接调用，无须重复填单。

二、办理渠道

主要有支持柜台、网上银行、自助终端等渠道办理。

1. 支持柜台

中国银行境内各分支机构均可办理全球汇款服务，请至当地网点办理。

2. 网上银行

登录后依次选择"转账汇款"—"跨境汇款"功能，请按照相关提示填写汇款信息。

3. 自助终端

点击"行内、跨行转账"—"境外汇款"，插卡验密，选择不同汇款目的地，按照相关提示填写汇款信息。

三、法规提示

个人汇出境外汇款需遵循国家外汇管理政策，相关规定摘要提示如下：

1. 资金用途

个人经常项目项下的外汇支出可以办理汇出境外汇款，包括居民个人出境旅游、探亲、会亲、朝觐、留学、就医、参加国际学术活动、被聘任教等用汇；缴纳国际学术团体组织的会员费；从境外邮购少量药品、医疗器械；在境外直系亲属发生重病、死亡以及意外灾难等特殊情况的用汇;在中国境内居留满一年以上的外国人及中国港澳台同胞从境外携入或在境内购买的自用物品等出售后所得人民币款项汇出的用汇;经常项目的其他外汇支出。

2. 交易主体与金额要求(见表 3-1)

表 3-1　交易主体与金额要求

汇出资金形式	汇款主体	
	境内个人	境外个人
外汇储蓄账户内汇出	当日累计等值 5 万美元以下(含)的,凭本人有效身份证件在银行办理	凭本人有效身份证件办理,不限金额
	超过上述金额的,还需提交经常项目项下有交易额的真实性凭证	
手持外币现钞汇出	当日累计等值 1 万美元以下(含)的,凭本人有效身份证件在银行办理	当日累计等值 1 万美元以下(含)的,凭本人有效身份证件办理
	超过上述金额的,还需提交经常项目项下有交易额的真实性凭证、经海关签章的《中华人民共和国海关进境旅客行李物品申报单》或本人原存款银行外币现钞提取单据	超过上述金额的,还应提供经海关签章的《中华人民共和国海关进境旅客行李物品申报单》或本人原存款银行外币现钞提取单据

3. 超额汇款所需的真实凭证(见表 3-2)

表 3-2　超额汇款所需的真实凭证

用　途	至少提供下述真实凭证
留学	已办妥前往国家和地区有效入境签证的护照、港澳台通行证等;国(境)外学校正式录取通知书;国(境)外学校出具的费用通知单
境外就医	已办妥前往国家和地区有效入境签证的护照、港澳台通行证等;所在地的地区(市)级医院证明、附医生意见;境外医院的接收证明及收费通知
缴纳国际学术团体组织的会员费	国际学术组织证明文件
从境外邮购少量药品、医疗器具	所在地的地区(市)级医院证明附医生处方
在境外的直系亲属发生重病、死亡以及意外灾难等特殊情况的用汇	境外公证机构的有效证明或者我国驻外使、领馆的证明

＊汇出金额不得超过所提供的有关证明文件上注明的标准

四、业务办理流程

（一）登录银行

（1）登录中国银行网站（http：//www.boc.cn）。

图 3-1　中国银行主页界面

（2）点击右侧"个人客户网银登录"。

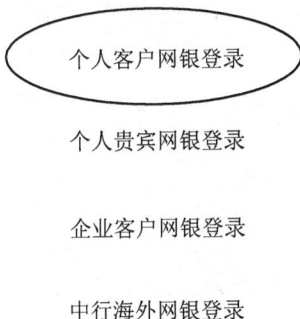

个人客户网银登录

个人贵宾网银登录

企业客户网银登录

中行海外网银登录

图 3-2　中国银行登录入口界面

（3）填写银行卡号、密码登录中国银行账户。

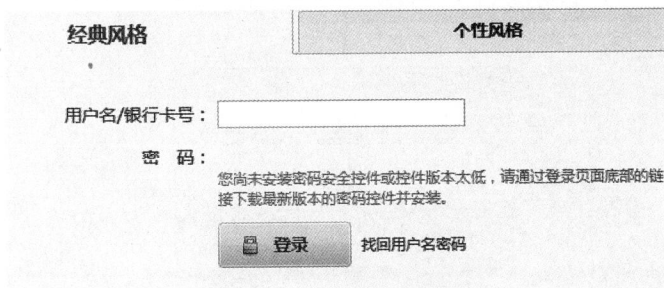

图 3-3　中国银行登录界面

首次登录时,需要下载并安装 Windows 或 Mac"网上银行登录安全控件"。持有中银 E 盾的客户,需要下载并安装 Windows 或 Mac"USBKey 管理工具"。通过银行柜台注册的网银客户,在首次登录时,需要使用注册时获取的"网银初始用户名"。首次登录成功后,可以对登录用户名重新进行设定。

(4)输入银行卡号和密码,然后选择"转账汇款""转账管理"和"跨境汇款"功能,按照相关提示填写扣款账户、汇款人名称、汇款人地址、汇款人邮箱、联系电话等汇款信息即可。

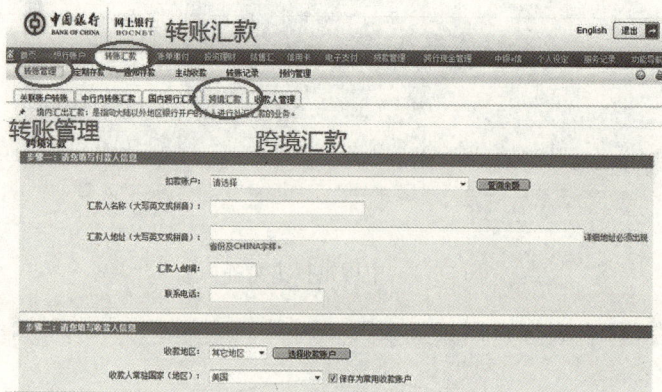

图 3-4　中国银行国际电汇界面

(二)汇款流程

汇款流程见图 3-5 和表 3-3。

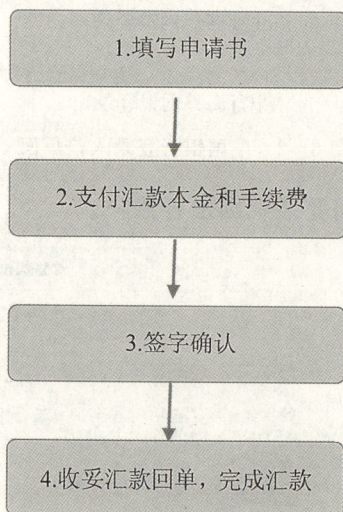

图 3-5　汇款流程

表 3-3 汇款步骤

步骤一：填写《国际汇款申请书》	
电汇所需信息包括： ① 汇款货币及金额 ② 收款人姓名及地址 ③ 收款人在开户银行的账号 ④ 收款人开户银行名称、SWIFT 代码或地址	票汇所需信息包括： ① 汇款货币及金额 ② 收款人姓名及地址
步骤二：支付汇款本金和手续费	
步骤三：打印《国际汇款申请书》，签字确认并留存联系方式	
步骤四：收妥汇款回单，完成汇款（票汇时，银行将打印好的汇票交给客户，客户可邮寄或自行携带出境）	

（三）查询

如果收款人没有及时收到汇款，可携带本人身份证、汇款回单、收费凭证到原汇出柜台办理查询手续，银行将在第一时间为客户查询。

（四）退汇

汇款后，若改变计划，可要求办理退汇。如果该笔汇款是电汇，在款项未入收款人账户前，可凭本人身份证、汇款回单、收费凭证办理退汇；如款项已入收款人账户，需取得收款人同意后方可退汇。如果该笔汇款是票汇，请带好本人身份证、汇票正本、汇款回单、收费凭证，即可办理退汇手续。

（五）汇票挂失

如果不慎遗失汇票，应及时携带本人身份证及汇款回单，向原出票银行提出书面挂失申请。银行将根据要求办理挂失止付手续。

五、其他相关信息

1. 什么是 SWIFT 代码

SWIFT 是"环球同业银行金融电讯协会"的英文简称。凡该协会的成员银行都有自己特定的 SWIFT 代码，即 SWIFT CODE。在电汇时，汇出行按照收款行的 SWIFT CODE 发送付款电文，就可将款项汇至收款行。

2. 填表注意事项

（1）为了保证收款人能及时收到款项，请确保汇款信息准确，首次汇款建议在银行柜台办理。

（2）除汇往中国港澳台地区的票汇外，其他均须以英文填写。

（3）办理票汇时，请确保收款人当地有中行海外机构，否则可能需通过当地其他银行托收才能收到款项。

（4）留存个人的联系方式以便于在汇款出现问题时，能够及时与该客户联系。

3. 办理票汇后，客户或客户的亲友取钱方式

办理票汇手续后，客户可以将汇票自行邮寄给其亲友，或自行携带出境。如果客户或客户的亲友在汇票指定的付款行开有账户，或急需用钱，可持汇票和本人有效身份证件直接前往该银行办理取款手续；否则，可将汇票交到自己的开户银行，由其向付款行办理托收。

4. 现汇账户和现钞账户

现汇账户系指由中国港澳台地区或境外汇入外汇或携入的外汇票据转存款账户；现钞账户系指个人持有的外币现钞存款账户。

第三节　相关案例

一、B2C 案例：以全球速卖通和中国银行为例

（一）全球速卖通介绍

全球速卖通是阿里巴巴旗下面向全球市场打造的在线交易平台，被广大卖家称为国际版"淘宝"。

像淘宝一样，把宝贝编辑成在线信息，通过速卖通平台，发布到海外。类似国内的发货流程，通过国际快递，将宝贝运输到买家手上。这样就可以轻轻松松地与 220 多个国家和地区的买家达成交易，赚取美金。但由于许多国家为保护本国电商，限制或禁止本国人员跨境网购，如俄罗斯、阿根廷已实施相应政策。

速卖通于 2010 年 4 月上线,经过这几年的迅猛发展,目前已经覆盖 220 多个国家和地区的境外买家,每天境外买家的流量已经超过 5000 万,最高峰值达到 1 亿,已经成为全球最大的跨境交易平台。在 2014 年"双 11"速卖通当天成交 680 万个订单,比上一年年增长 60%。速卖通订单最多的国家和地区包括俄罗斯、巴西、以色列、西班牙、白俄罗斯、美国、加拿大、乌克兰、法国、捷克、英国等。

（二）全球速卖通使用方法

（1）注册速卖通账号,通过邮箱验证,填写账户信息,完成注册（见图 3-6）。

图 3-6　速卖通交易流程

（2）有淘宝账号的可以直接登录。注册完成后需要激活,实名认证,参加考试（见图 3-7）。

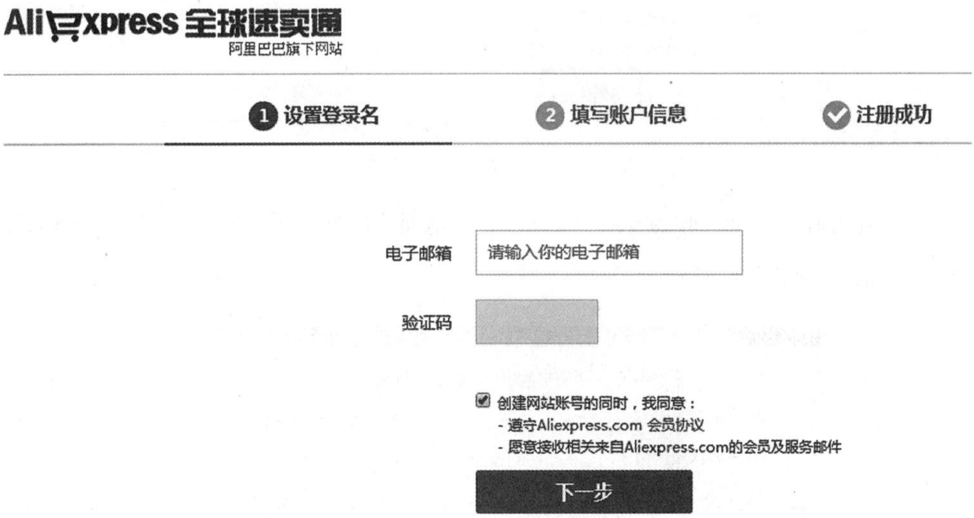

图 3-7　全球速卖通注册流程

（3）点击"个人账户",填写开户行、银行账号等信息,然后点击"保存"（见图 3-8、图 3-9）。

图 3-8　速卖通交易界面

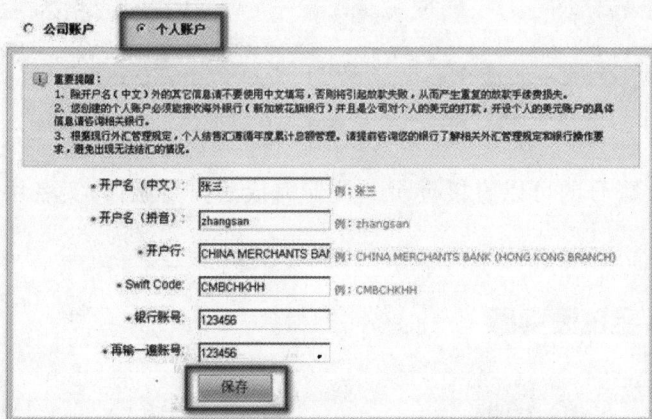

图 3-9　速卖通电汇界面

（4）填写收款地区、收款人名称、收款人地址、收款人账号、收款银行 SWIFT CODE 等信息（见图 3-10）。

图 3-10　中国银行国际电汇界面

二、B2B 案例：以敦煌网和汇丰银行电汇为例

（一）如何使用敦煌网

1. 敦煌网介绍

敦煌网是全球领先的在线外贸交易平台（见图3-11）。其CEO（首席执行官）王树彤是中国最早的电子商务行动者之一。1999年她参与创立卓越网并出任第一任CEO，2004年创立敦煌网。敦煌网致力于帮助中国中小企业通过跨境电子商务平台走向全球市场，开辟一条全新的国际贸易通道，让在线交易不断地变得更加简单、更加安全、更加高效。

敦煌网是国内首个为中小企业提供B2B网上交易的网站。它采取佣金制，免注册费，只在买卖双方交易成功后收取费用。据PayPal交易平台数据显示，敦煌网是在线外贸交易额中亚太排名第一、全球排名第六的电子商务网站，其在2011年的交易达到100亿规模。作为中小额B2B海外电子商务的创新者，敦煌网采用EDM（电子邮件营销）的营销模式，低成本高效率的拓展海外市场。自建的DHgate平台，为海外用户提供了高质量的商品信息，用户可以自由订阅英文EDM商品信息，第一时间了解市场最新供应情况。2011年，在深圳设立华南总部的敦煌网在深圳部署物流相关工作。2013年，敦煌新推出的外贸开放平台实质上是一个外贸服务开放平台，而敦煌网此举应该是在试探外贸B2B"中大额"交易。通过开放的服务拉拢中大型的制造企业，最终引导它们在线上交易。

敦煌网是做什么的？

敦煌网是国内领先的十年老牌专业跨境电子商务平台，致力于帮助中国中小企业通过互联网将中国制造的商品卖往世界各地，自2004年成立以来，敦煌网已经取得这些成绩：

| 十年外贸电商品牌 | 每3秒产生1笔订单 | 每小时10万买家在线采购 | 遍布全球224个国家和地区的550万海外买家 | 2500万种在线商品 |

图3-11 敦煌网的主要业务

2. 敦煌网注册流程

（1）敦煌网交易流程为注册、上传商品、卖家确认并发货、敦煌网放款、卖家收款（见图3-12）。

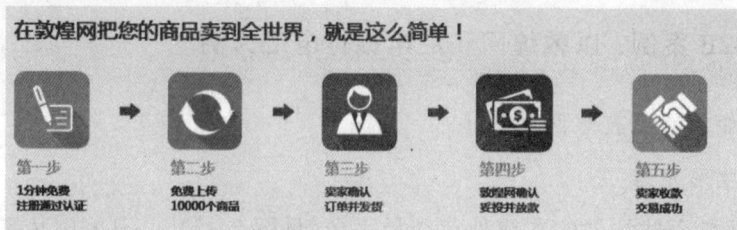

图 3-12　敦煌网交易流程

（2）在敦煌网填写账号信息，包括用户名、密码、手机号码、邮箱、验证码等即可注册（见图 3-13）。

图 3-13　敦煌网注册方式

（二）通过汇丰银行进行电汇的流程

1. 开通外币银行账户流程

（1）敦煌网支付美金的银行户口：中国香港地区的汇丰银行

　　开户名（公司账户）：Heguang International Limited

　　账号：808-168520-838

（2）如果办理的是个人账户，请咨询开户行是否可以接受公对私打款业务，以及收取外汇是否有金额、备注限制。

（3）请务必确保填写的银行信息是正确的，包括收款人、银行账号、SWIFT CODE 等，如因填写的银行信息错误或收汇金额受限等因素导致的额外费用，将由个人来承担。

（4）按国家相关政策规定，每年每人的换汇（美金兑换人民币）上限为 50000 美金，相关疑问可咨询开户银行。

2. 填了外币账户，人民币账户是否有用

填了外币账户，人民币账户是有用的。可以在后台设置人民币或外币的方式接收款项，如果选择了人民币那么敦煌网会把款直接打到个人的人民币账户，个人接收的是人民币。如果个人选择了外币方式接收，敦煌网会直接把款打进个人的外币账户，个人接收的是美元。

3. 交易结束后，个人如何得到自己的货款

订单完成后，可进入"我的 DHgate"—"资金账户"进行提款，敦煌网会在 1 个工作日内打款，一般 3～4 个工作日可以到账（香港汇丰银行 1 个工作日到账），如果超过 7 天没有收到，可点击"在线留言"咨询。

在页面上个人可以设置开启自动提现或者关闭自动提现功能，并输入相应的提现币种及账户，如果开启了该功能，系统会直接转账给个人。

4. 银行账户的名字要与注册的姓名一致

人民币银行账户名字为系统默认，需与注册人姓名一致；外币账户开户人名字不做限制，可以是个人也可以是公司名字。

5. 填写外币银行账户信息的方法

登录到"我的 DHgate"—"资金账户"—"账户设置"，就可以直接看到需要填写的内容，包括"外币账户"和"人民币账户"信息。

国家、城市或者地区需要填写收款人开户银行所在的地点，并不是收款人本人所在的地址，填写地址可以使用中文，也可以使用英文；如果是英文地址，请一定要与开户银行确认信息完整和正确。银行账户需要填写的内容有：

（1）Beneficiary Account Type（银行账户类型）。

（2）International Beneficiary Account Number/IBAN（国际银行账号）。

（3）Beneficiary Bank SWIFT CODE（银行电汇代码）。

（4）Beneficiary Name—Chinese Pinyin/English（收款人姓名——拼音/英文）。

（5）Beneficiary Name—Chinese（收款人姓名——中文）。

（6）Beneficiary Country or Region（收款方开户行所在国家或地区）。

（三）敦煌网电汇流程

1. 进入敦煌网电汇界面

点击"资金账户"，填写银行账号、电汇代码、收款人姓名地址等信息（见图3-14）。

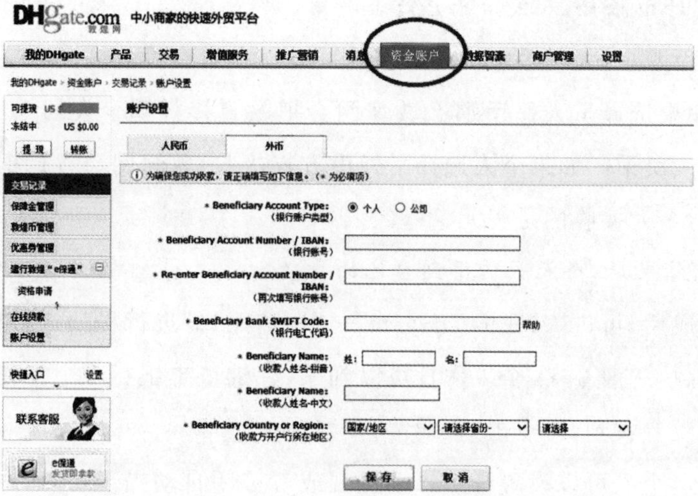

图3-14　敦煌网电汇界面

2. 填写银行账号的类型

银行卡号和存折号都可以。主要看个人的需求，如果个人希望将款汇入卡中，就请填写卡号；希望汇入存折中，就请填写存折账号。建议填写卡号，毕竟银行卡使用更方便。

3. 修改个人的银行账户信息的方法

通过银行认证的卖家，如果需要修改银行账户信息，请登录卖家后台"我的DHgate"—"资料设置"—"银行账户"，点击"申请修改"按键，并且按照提示提供相关资料进行在线申请；平台收到申请后，系统会审核提交的资料，如果需要核对相关信息，会通过电话联系个人；审核确认无误后，将为个人释放修改权限，个人便可以登录后台自行更改。

4．电汇代码介绍

银行电汇代码即 SWIFT CODE，是一个银行的识别编码，一般用在发电汇信用证电报上，每个银行都有，总行与其下属的分行前八位一样，后三位不一样。电汇代码需要咨询开户行获取。

5．每个银行的银行电汇代码并不固定

每个银行的电汇代码并不固定，需要咨询开户行。

6．敦煌网在打款时会检查卖家的银行信息

敦煌网在打款时会进行检查，但只能检查出较明显的错误，一些细节问题还是要在银行转账时才能真正发现。所以，建议在提款前一定要仔细检查自己的银行信息，确保准确无误，避免延误时间或产生不必要的手续费。

7．没收到敦煌网放款的原因

一般可能是银行信息有误，建议个人尽快与开户行核实，也可点击"在线留言"向网站进行咨询，帮助查询款项是否被退回。

8．银行转账手续费参考（见表 3－4）

表 3－4　银行转账手续费参考

汇款银行	收款银行	BSBC 收费标准（港币/笔）（2009 年 2 月 1 日实行）
中国香港汇丰	香港汇丰	无任何费用
	香港其他银行	50 港币（约合 44 元人民币）
	内地汇丰分行	80 港币（约合 70.5 元人民币）
	内地其他分行	110 港币（约合 96.9 元人民币）
	境外分行	110 港币（约合 96.9 元人民币）
	台湾分行	310 港币（约合 273.2 元人民币）

注意事项：

① 该汇款手续费为敦煌网通过香港汇丰银行的公司账号在给敦煌网客户的银行账号转款过程中发生的费用，个人的开户银行收取的手续费不包含在该表中，具体标准需要咨询当地银行。

② 在个人提款时，如虚拟账户余额≥5000 美元，敦煌网将为个人承担香港汇丰银行转出时的手续费（约为 15 美元）；如虚拟账户余额＜5000 美元，将由个人承担该汇款手续费。另外，关于转账手续费个人可以参考银行转账手续费，以上链接仅供参考，具体请以开户行的银行转账手续费标准为准。

思考题

1. 电汇与票汇的主要区别

电汇可以直接入收款人账户,资金到账快,手续简便,如汇款金额较大或急于用款时,建议采用电汇;票汇可由汇款人随身携带或自行邮寄银行汇票,便于汇款人灵活处理,如汇款金额较小、短期出境或不急于用款时,可采用票汇。有时,境外收款方可能要求采取特定汇款方式,比如留学申请费、报名费经常要求票汇。

2. 为什么收款人收到的款项有时小于原汇出金额

在电汇业务中,当汇出行和汇入行之间互开往来账户时,款项一般可全额汇交收款人。但是,大部分情况是汇出行与汇入行无直接的账户往来,而必须通过另一家或几家银行(即转汇行)转汇至汇入行。每家转汇行在做转汇业务时,都会从中扣收一笔转汇费。这样,该笔电汇款汇交收款人时,就不再是原汇出金额。同样,若办理退汇时,退回的金额必定小于原汇出金额。

本章参考资料

[1] 中国银行网站:http://www.boc.cn/.

[2] 速卖通网站:http://seller.aliexpress.com/.

[3] 敦煌网:http://seller.dhgate.com/.

[4] 汇丰银行网站:http://www.hsbc.com.cn/.

第四章 实验项目 2：国际信用卡支付与结算

知识点介绍

国际信用卡是一种银行联合国际信用卡组织签发给那些资信良好的人士并可以在全球范围内进行透支消费的卡片，同时该卡也被用于在国际网络上确认用户的身份。通常国际信用卡以美元作为结算货币，国际信用卡可以进行透支消费（先消费后还款），国际上比较常见的信用卡品牌主要是 VISA，MasterCard 等，中国国内的各大商业银行也均有开办国际信用卡业务，可以很方便地在银行柜台办理申请信用卡手续。须知，在国际信用卡内存款没有利息。

第一节 实验目的和实验内容

一、本章实验目的

（1）通过本实验学习使学生了解国际信用卡支付方式。

（2）通过本实验学习使学生能够掌握 eBay 的开通方法。

（3）通过本实验学习使学生能够运用国际信用卡方式借助 eBay 完成跨境电商交易。

二、本章实验内容

（1）申请 eBay 个人账户。

（2）在 eBay 网站上浏览商品并进行购买。

（3）在 eBay 网站上用国际信用卡支付方式完成交易。

第二节 实验方法和实验步骤

一、注册 eBay 账号

（1）登录 eBay 网站（http：//www. ebay. com/），点击页面左上角的"register"。
如图 4-1 所示。

图 4-1 eBay 网站页面

（2）填写姓名、真实的 E-mail 邮箱等信息，设置好登录密码，并点击"Submit"，如
图 4-2 所示。之后进入注册成功界面，如图 4-3 所示，点击"Continue"。

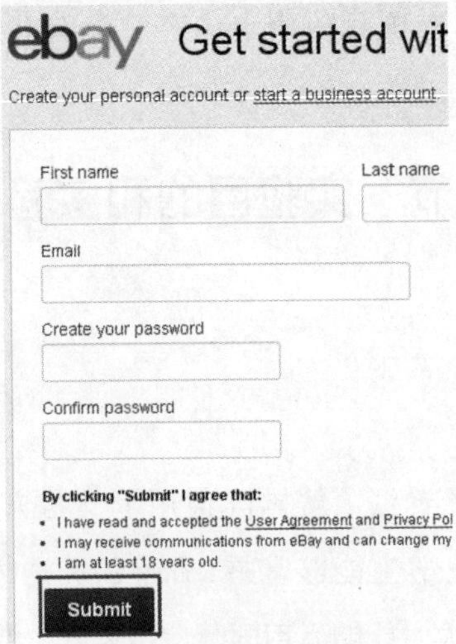

图 4-2 新用户注册页面

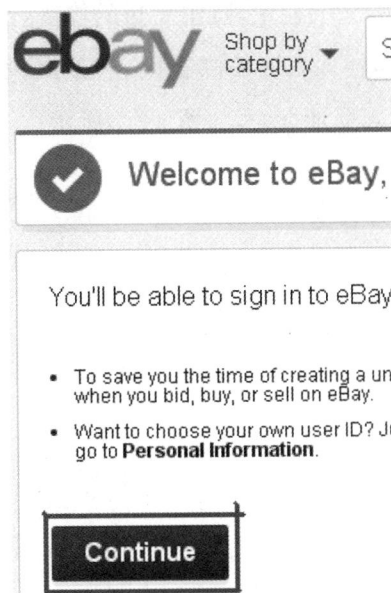

图 4 - 3　注册成功页面

（3）进入网站首页，点击左上角用户名下的"Account settings"，进入个人账户页面，点击左边一列的"Addresses"，如图 4 - 4 所示。点击右侧的"Create"，进行地址的填写，如图 4 - 5 所示。

图 4 - 4

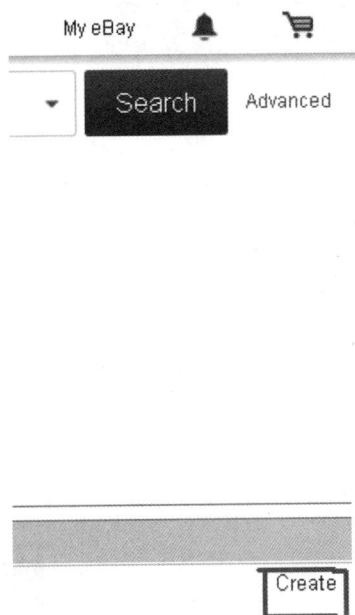

图 4 - 5　个人账户页面

（4）在"Country/Region"一栏中，点击右边的箭头，选择"China"，如图 4-6 所示。之后弹出中文对话框，输入真实的邮箱区码、县市、省份、地址、联络电话等信息，并点击"Continue"，进入登录页面，如图 4-7 所示：

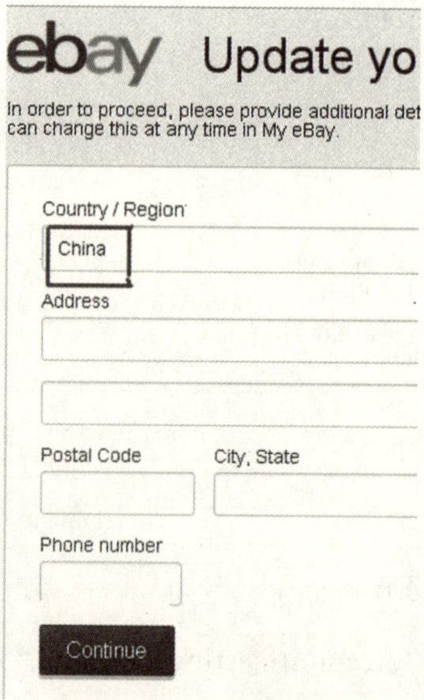

图 4-6　进入收货地址栏

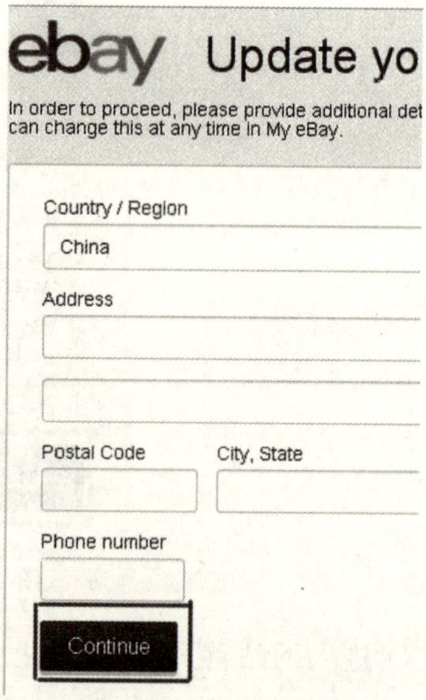

图 4-7　填写收货地址

（5）填写好"E-mail"或"user ID"以及密码，点击"Sign in"，进入网站首页，如图 4-8 所示。

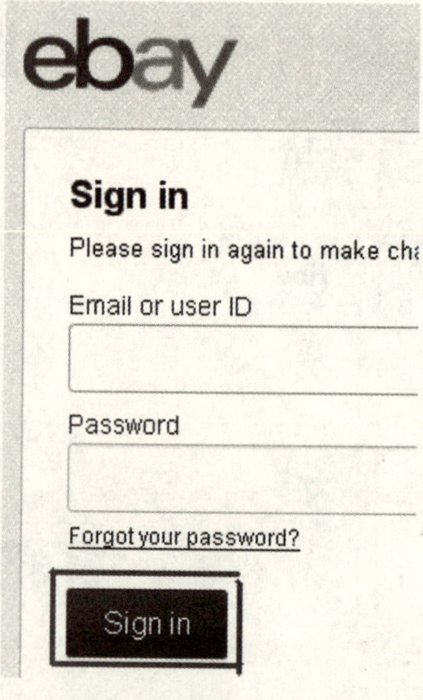

图 4-8　登录 eBay 页面

（6）在搜索框内输入所想购买物品，点击"Search"，如图4-9所示。进入商品浏览页面，如图4-10所示。

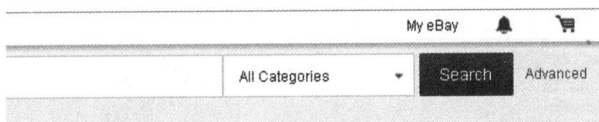

图4-9　网站首页

图4-10　商品浏览界面

（7）浏览商品，选择一种心仪商品，并点击进入，浏览该商品详细信息，如图4-11所示。

图4-11　具体商品浏览界面

（8）浏览完毕后，确定购买，点击"Buy it Now"，如图4-12所示。

图4-12　商品购买信息界面

（9）在付款方式中，选择第一种信用卡付款，并点击右侧"Countine"，如图 4-13
所示。

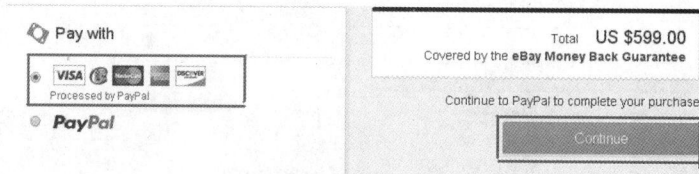

图 4-13 选择支付方式

（10）在"Card number"一栏中输入你的国际信用卡账号，并选择对应的信用
卡类型，确认无误后，点击下方的"Pay"，完成支付。

第三节 相关案例

目前不少海外代购网站，对于海外代购的信誉是最担心的，加上高额服务费用又
是大家非常不愿意支付的。大家都知道，一套国外的化妆品进口到中国是需要交国际
关税的，关税的最低限额已经从以前的 400 元调整到 50 元，也就是说一支 100 元的化
妆品需要从海关进入中国，按照规定是需要交 50 元的关税，这是任何人都不愿意的。
因此，很多侥幸的人选择走不同的小额逃税途径，我们不赞成那些仅仅是为了满足自
己的海外网购经历和便宜价差而去做冒险的事。大额关税和代购服务费用彻底打消
了许多想尝试海外网购的人的冲动，接下来就给大家详细地介绍关于海外网购的步骤
以及其中的省钱方法。因为亚马逊是大家比较熟悉的全球购物网（http：//www.
amazon.com），因此，我们就以它为例来谈谈一件"洋货"是怎么购买到的。

一、注册——成为亚马逊 Amazon 的会员（类似淘宝会员）

（1）打开 Amazon 主页：www.amazon.com

选择：sign in，如图 4-14 所示。

图 4-14 注册 Amazon 会员

（2）点击 Sign in 就可以进入注册页面，这与国内一般的网站注册会员类似。
如图 4-15 所示。

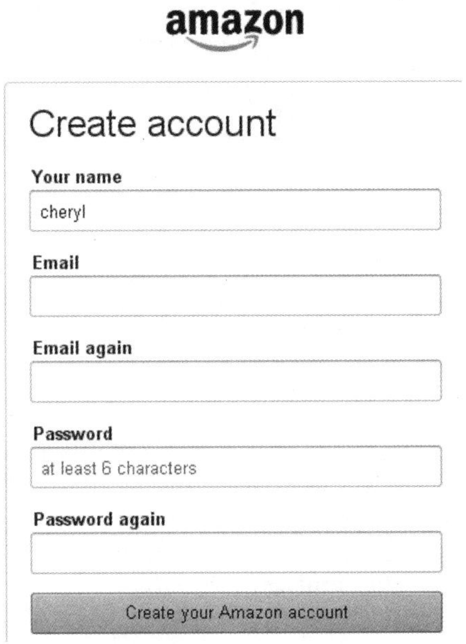

图 4-15　注册会员—选择新老用户身份

二、添加信用卡以及收获地址填写

（1）填写好注册信息点击 Create your Amazon account 之后，会自动跳出重新
登录的页面，那就证明您已经注册成功。

（2）登录进去之后，开始编辑信用卡的信息。你需要的仅仅是一张可以国际
支付的信用卡，Visa，MASTER，AMERICAN EXPRESS 均可，然后懂适量的英
文，便能够在美国的网站自行购物支付，如图 4-16 所示。

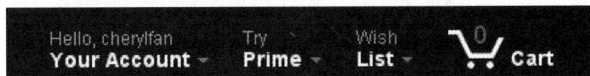

图 4-16　Your Account 界面

（3）点击进入 Your Account 界面，登录后会有一个"我的淘宝"的页面，可以
对自己的信息进行修改和处理，如图 4-17 所示。

（4）进入账户管理之后我们将要对几个重要的选项进行编辑和设置，包括订
单管理，添加信用卡，添加新的地址。如图 4-18 所示。

Your Account

Orders
View & Modify Recent Orders

Amazon Wallet
Credit Cards & Gift Cards

Settings
Password, Prime & E-mail

图 4-17　进入账户管理界面

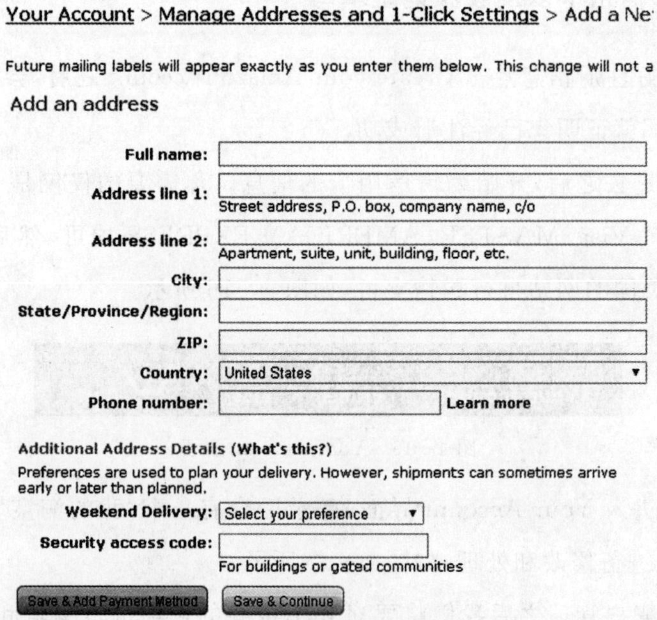

Your Account > Manage Addresses and 1-Click Settings > Add a Ne

Future mailing labels will appear exactly as you enter them below. This change will not a

Add an address

Full name:	
Address line 1:	Street address, P.O. box, company name, c/o
Address line 2:	Apartment, suite, unit, building, floor, etc.
City:	
State/Province/Region:	
ZIP:	
Country:	United States ▼
Phone number:	Learn more

Additional Address Details (What's this?)
Preferences are used to plan your delivery. However, shipments can sometimes arrive
early or later than planned.

Weekend Delivery:	Select your preference ▼
Security access code:	For buildings or gated communities

Save & Add Payment Method　　Save & Continue

图 4-18　对信息加以编辑和修改

（5）进入信用卡编辑页面后，可对信用卡的类型、持卡人的姓名、信用卡的有效期，以及信用卡的相关基本信息进行修改。需要注意的是，外国电商网购商品付款时，无须输入信用卡密码，只需输入卡号和卡号的有效期以及信用卡背面的三个数字即可。

三、购物并确认订单

（1）在设置完信用卡和地址信息之后即可进入购物车界面，您可以在上方搜索区域搜索自己需要的物品，选择好物品之后点击放入购物车。同时，还设置有放入收藏清单的选项，类似国内的店铺收藏功能，方便下次购买时寻找，如图4-19所示。

图4-19　编辑好购物车信息即可进入结账界面

（2）进入结账界面之前会有几个选项需要考虑：关于礼品的包装和数量问题，确定设置好各项信息后点击进入结账，如图4-20所示。

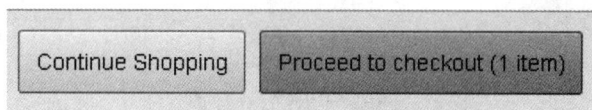

图4-20　结账界面

（3）确认收货地址有两个选项：一种是使用一开始注册时设置的地址信息，另外一种则可以添加邮寄到新的地址，此处操作和注册时地址信息填写一样。选择好邮寄方式之后点击相应按钮进入下一步，即关于运输方式和信用卡信息的确认，如图4-21所示。

Select a shipping address

Enter a new shipping address.

When finished, click the "Continue" button.

Full name:

Address line 1:

Street address, P.O. box, company name, c/o

Address line 2:

Apartment, suite, unit, building, floor, etc.

City:

State/Province/Region:

ZIP:

图 4 - 21　运输方式界面

（4）以上步骤填写完成后，相关信息在最后的确认订单中将全部显示，此步骤需要注意的地方有收件地址、信用卡信息、是否包裹、货运方式等。所有信息确认无误之后点击完成。点击完成之后，您将会在您注册时候填写的邮箱收到订单邮件。

四、查看和修改订单信息

（1）点击进入"订单管理"查看已经付款的订单信息，如图 4 - 22 所示。

View, Track or Cancel an Order

Your Orders　　　>

Order History

View Your Kindle Orders

Download Order Reports

View Archived Orders

图 4 - 22　订单管理界面

（2）订单详情页面包括是否发货、预计发货时间、预计到达时间等。同时，在未发货之前，您依然可以更改付款方式、删除订单中的物品、更改运输方式和更改收件地址等。

思考题

（1）信用卡和国际信用卡的区别。

（2）国际信用卡的一般申请流程。

本章参考资料

［1］David S. Evans Rehard Sehmalensee. Paying with plastic-The Digital Revolution in Buying and Borrowing［M］. Cambridge：Massachusetts Institute of Technology Press，2005.

［2］Fisher. The Theory of Interest［M］. New York：Macmillan，1961.

［3］Peter K. Credit Card Business in Modern Bank ［J］. International Management，1999(10).

［4］梁万泉.信用卡盈利模式比较和借鉴［J］.金融与经济，2009(3).

第五章 实验项目3：
网上信用证支付与结算

💡知识点介绍

网上信用证即国内信用证的网络化运作，它简洁的业务流程、便捷的操作和手续为网上融资开通了绿色通道，是优化企业现金管理的首选金融产品。

网上信用证是银行对传统信用证业务的一个创新发展，是将电子商务、网上银行和信用证业务结合的一个切入点。网上信用证目前集成在企业银行系统中，作为企业银行的一个子系统推出，同时提供通过网上银行渠道提交国内信用证开证申请、修改申请、开证审批、业务查询、办理融资业务等功能。

第一节 实验目的和实验内容

一、实验目的

（1）通过本实验使学生了解跨境银行网上信用证的支付方式。

（2）通过本实验使学生达到掌握中国工商银行网上信用证的开证方法。

（3）通过本实验使学生能够运用中国工商银行的网上信用证的支付方式完成

跨境电商交易。

（4）通过本实验使学生了解网上信用证的特点及作用。

二、实验内容

（1）中国工商银行企业网上银行账户注册。

（2）进入企业网上银行账户，选择信用证业务，新开立信用证并填写相关信息。

（3）了解信用证业务的流程。

第二节　实验方法和实验步骤

一、工商银行网上银行开通流程

（1）首先，客户要去本地银行开户网点领取并填写《中国工商银行企业客户普通卡（金卡）证书信息表》，加盖预留印鉴，然后领取普通卡证书，并设置证书密码。申请普通卡证书之后，既可在柜面开通，也可自助开通（本次实验为自助开通）。

（2）中国工商银行企业网上银行开通流程如图5-1所示。

（3）登录中国工商银行官网（http：//www.icbc.com.cn/icbc/），点击页面左侧企业网上银行的"注册"键。

（4）在仔细阅读《企业网上银行普及版自助注册须知》后，点击"确定"，如图5-2所示。

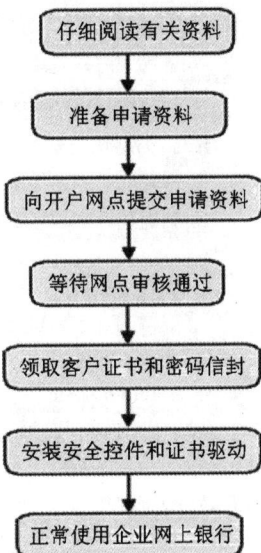

图5-1　中国工商银行企业网上银行开通流程

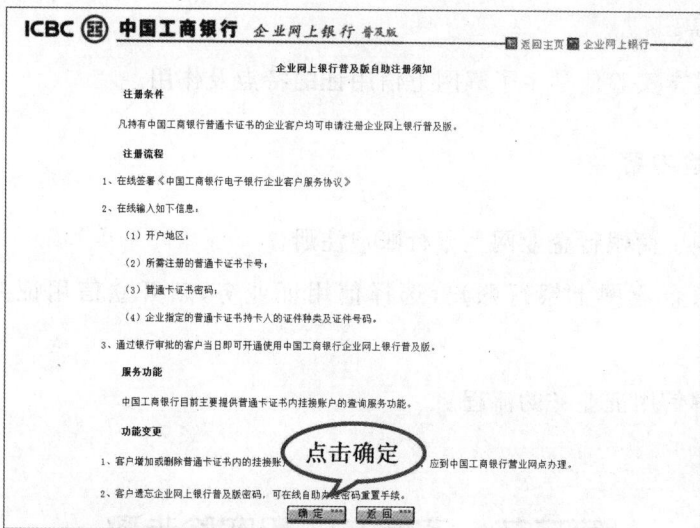

图 5-2　企业网上银行普及版自助注册须知

（5）阅读《中国工商银行电子银行企业客户服务协议》，点击"接受协议"，如图
5-3 所示。

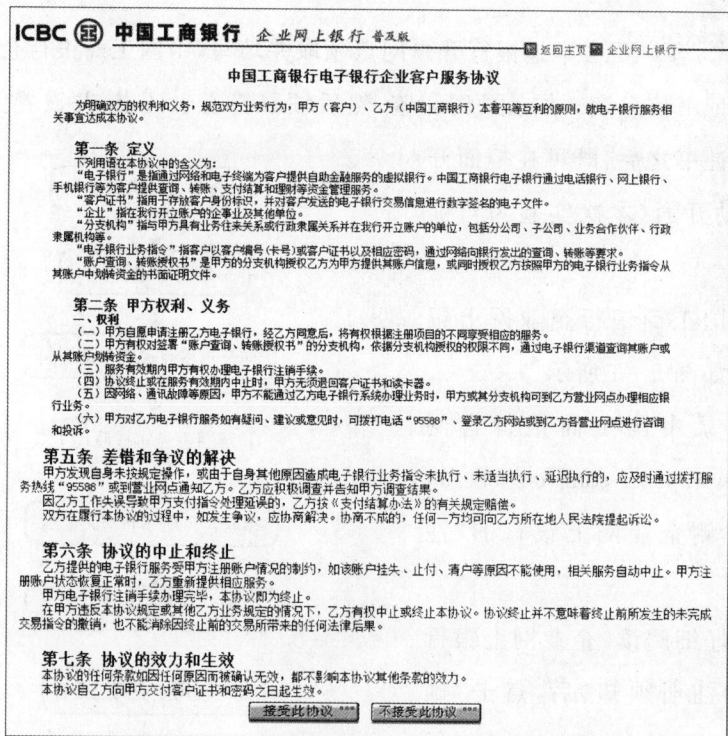

图 5-3　中国工商银行电子银行企业客户服务协议

　　（6）录入开户地区、注册普通卡证书卡号、密码等相关信息，点击提交，完成注册，如图5-4所示。

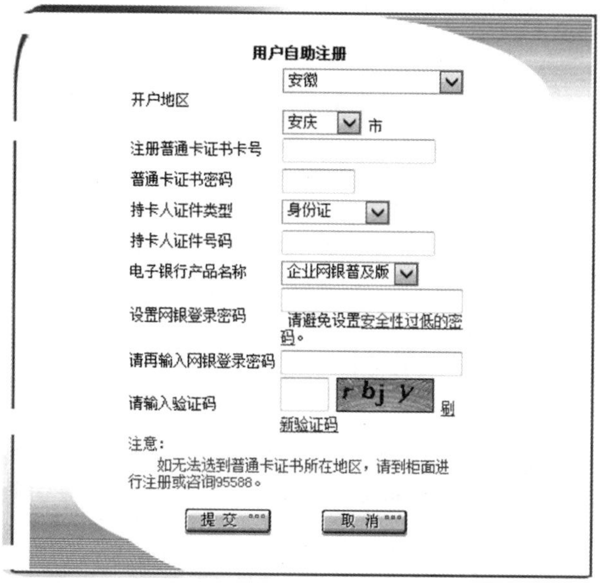

图5-4　用户自助注册

二、信用证的开立流程

　　（1）登录刚注册的企业网上银行账户，如图5-5所示。

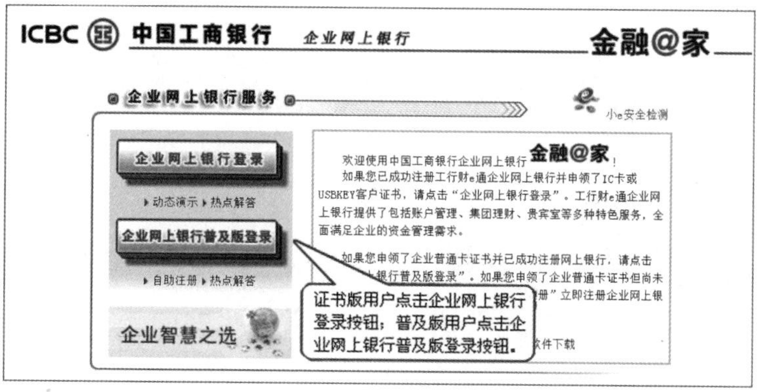

图5-5　企业网上银行账户登录界面

　　（2）证书版选择证书，并输入证书密码，普及版输入卡号密码，如图5-6所示。

　　（3）进入企业网上银行账户，选择"信用证业务"，点击下方的"开证申请"中的"新开立"选项。

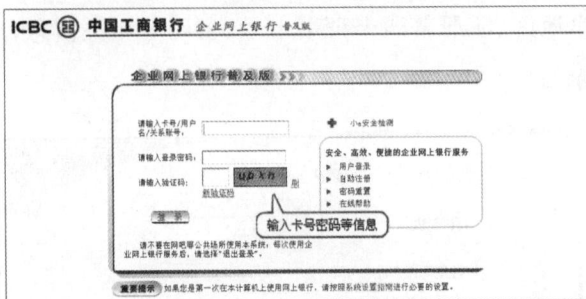

图 5-6　输入用户信息

（4）点击《开证申请人承诺书》下方的"同意"选项，如图 5-7 所示。

开证申请人承诺书

中国工商银行：

我单位兹向贵行申请按本申请书内容（见下文）开立不可撤销跟单信用证。为此，我单位承诺以下事项：

一、依照国际商会第500号出版物《跟单信用证统一惯例》办理该信用证项下一切事宜，并承担由此产生的一切责任。

二、遵守国家有关外贸和外汇管理的政策法规，尊重贵行有关业务审查和操作规定，及时向贵行提交符合贵行要求的文件。

三、对于本笔开证业务，如贵行要求存入保证金，我单位在此授权贵行从我单位在贵行开立的账户中直接转存。对于根据其他协议可以免交保证金的，我单位将履行协议赋予我方的提供相应担保或其他有关义务。

四、贵行可以根据工作需要选择信用证的通知、议付行及委托其他银行处理有关业务。

五、贵行对信用证下单据表面是否存在瑕疵具有独立认定权。如贵行认定单据相符，或单据虽然存在不符点但我单位以书面方式表示接受单据，或已将此信用证项下货物提取，我单位保证在贵行规定的时间内支付该信用证项下款项。凡经贵行对外确认付款或承兑的信用证项下款项，我单位不以任何理由要求贵行拒付。如我单位未能及时支付上述款项，贵行有权主动从我单位账户中扣付。如因我单位账户余额不足导致贵行垫付资金，我单位承认贵行所付资金之本息，并按贵行要求履行清偿责任。

六、在我单位未付清信用证项下全额款项或办理有效承兑前，该信用证项下单据所有权及/或单据所代表的货物所有权属于贵行。

七、贵行开立的信用证独立于任何贸易合同。如此笔信用证涉及的贸易合同出现任何纠纷或欺诈事由，我单位将首先征求贵行意见并在遵循有关国际惯例的基础上予以解决，一旦此信用证项下有关当事人已对外承兑、确认支付或经付款，我单位保证不以贸易欺诈或其他事由为依据拒绝履行信用证项下付款责任。

八、本申请书以英文填写。因我单位中文填写而产生的翻译错误及/或因申请书字迹不清或词意含糊引起的责任。

九、信用证项下往来函电、单据等在电讯或邮递过程中发生遗失、延误、错漏以及由于其他不可抗力因素引起的损失和后果由我单位承担。

十、贵行开出信用证及/或发出信用证修改后，应将信用证副本及/或修改书副本送我单位核对，如有不符之处，我单位将在接到副本后的两个工作日内与贵行接洽，如贵行未接到我单位通知，视为正确无误。

十一、本承诺书中所称信用证项下款项包括支付信用证下货款（含信用证修改后增加额及/或国外溢装增加额）、利息、银行费用（含国外银行费用）以及弥补贵行因该信用证而承担赔偿责任所需的外汇和人民币资金（含相关诉讼、律师费等追索费用）。

十二、除非另有申明或约定，我单位有关本信用证项下所有文件如加盖我单位公章或业务章，均视为我单位有效授权，我单位承担由此产生的一切责任。

十三、本承诺自信用证申请之日起生效，至偿还完贵行信用证项下款项后效力终止。

十四、本申请书即为贵行与我单位开立信用证的协议，信用证一经开出，本申请书对双方均有约束力。

同意不同意

图 5-7　开证申请人承诺书

（5）仔细填写一份全新的《不可撤销跟单信用证开证申请书》，输入有关信息并点击"提交"，如图 5 - 8 所示。

不可撤销跟单信用证开证申请书

APPLICATION FOR IRREVOCABLE DOCUMENTARY CREDIT

TO: THE INDUSTRIAL AND COMMERCIAL BANK OF CHINA (1) Date* `20061127` (yyyymmdd) (2)

Please establish by* ◉ SWIFT ○ brief cable ○ airmail　an Irrevocable Credit as follows:

Advising Bank (3) Address	Form of L/C* `IRREVOCABLE` ▼ (31D) Expiry Date* (4) (yyyymmdd) Place*
(50) Applicant name* `jfphoenix` (5) Address*	(59) Beneficiary name* (6) Address*

(32B) Currency code* `SGD` ▼ (7)　　Amount* (8)

(39A) Quantity and Credit amount tolerance* ___ % (9)

(41A) Credit available with*　◉ Any bank　○ Issuing Bank　○ Other _____
　　　　(10)

By *　◉ Negotiation ○ Acceptance　○ Sight Payment　○ Deferred payment at _____

(42C) Draft at (11)　　　　　for ___ % of invoice value

(42A) Draw on (12)

(43P) Partial shipment*(13) ◉ allowed ○ not allowed	(43T) Transhipment*(14) ◉ allowed ○ not allowed
(44A) Loading on board from* (15)	(44B) for transportation to* (16)

(44C) Latest shipment date* (17) (yyyymmdd)

(45A) Description of goods*

(18)

Price term*	(19)
Packing	(20)

(46A) Documents required: (marked with √) (21)

☐ Signed Commercial Invoice in ☐ indicating L/C No.and Contract No. ___

☐ ___ set of clean on board ocean Bills of Lading made out to order and blank endorsed marked "freight ___ " notifying ◉ Applicant ◉ Other ___

☐ Air Waybills showing "freight ◉ to collect ◉ prepaid " indicating freight amount and consigned to ◉ Applicant ◉ Issuing Bank ◉ Other ___

☐ Forwarding agent's Cargo Receipt.

☐ Insurance Policy/Certificate in ___ for ___ % of the invoice value showing claims payable in China in currency of the draft, blank endorsed, covering (☐ Ocean Marine Transportation ☐ Air Transportation ☐ Over Land Transportation) All Risks,War Risks, including ___ as per ___ Clause.

☐ Packing List / Weight Memo in ___ indicating quantity / gross and net weights of each package and packing conditions as called for by the L/C.

☐ Certificate of Quantity / Weight in ___

☐ Certificate of Quality in ___ issued by ◉ Beneficiary ◉ public recognized surveyor ◉ manufacturer ◉ Other ___

☐ Beneficiary's certified copy of fax / telex dispatched to the accountees within ___ hours after shipment advising ☐ name of vessel ☐ B/L No. ☐ flight No. ☐ wagon No. ☐ Shipping date ☐ contract No. ☐ L/C No.,commodity, quantity, weight and value of shipment.

☐ ___

☐ ___

☐ ___

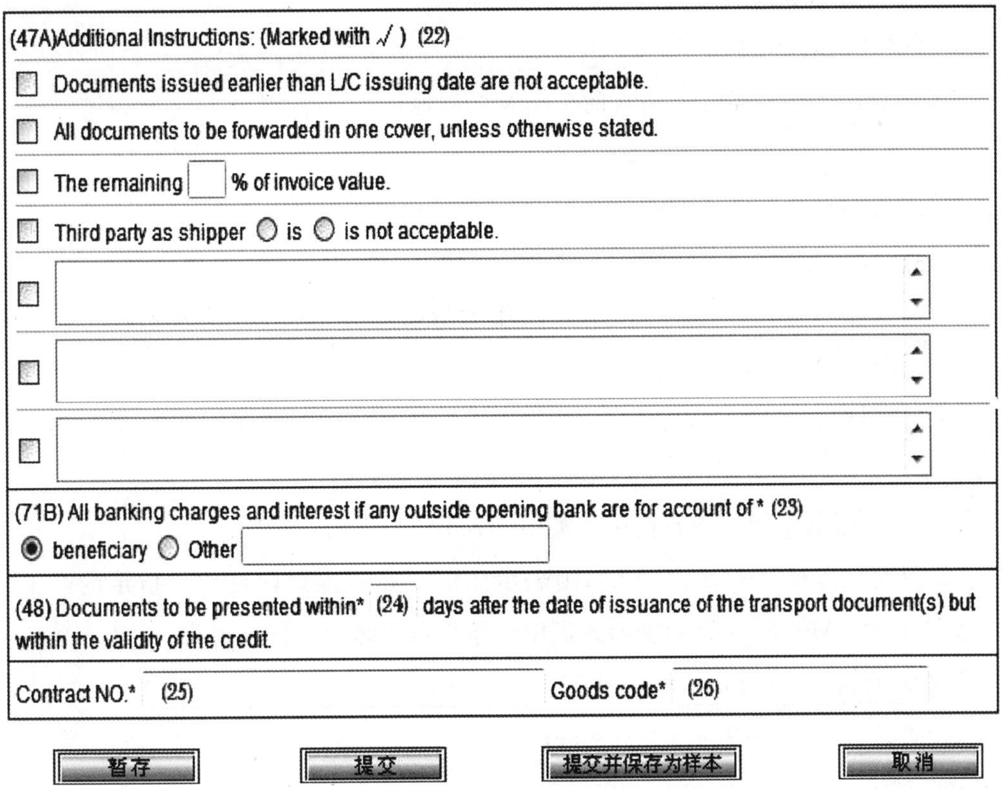

(47A)Additional Instructions: (Marked with √) (22)

☐ Documents issued earlier than L/C issuing date are not acceptable.

☐ All documents to be forwarded in one cover, unless otherwise stated.

☐ The remaining [ ] % of invoice value.

☐ Third party as shipper ○ is ○ is not acceptable.

☐ [ ]

☐ [ ]

☐ [ ]

(71B) All banking charges and interest if any outside opening bank are for account of * (23)

● beneficiary ○ Other [ ]

(48) Documents to be presented within* (24) days after the date of issuance of the transport document(s) but within the validity of the credit.

Contract NO.* (25)   Goods code* (26)

[暂存]   [提交]   [提交并保存为样本]   [取消]

图 5-8 不可撤销跟单信用证开证申请书

(6)《不可撤销跟单信用证开证申请书》的内容与缮制要求,结合图 5-8 分析。

① 开证行银行名称(To...)。

此栏应填写开证行名称。

② 开证日期(Date)。

此栏应由申请人根据贸易合同中签订的支付条款内容填写要求开证行开立信用证的日期。

③ 通知行名称(Advising Bank)。

此栏应由申请人填写信用证通知行的名称。

④ 信用证的有效期及到期地点(Date and Place of Expiry)。

此栏应由申请人根据贸易合同中签订的支付条款内容填写。一般地,信用证的有效期为合同规定的最迟装运日后 15 天,到期地点在受益人所在国家。

⑤ 申请人名称、地址(Applicant)。

此栏应由申请人填写自己的全称及详细地址。

⑥ 受益人名称、地址(Beneficiary)。

此栏应由申请人填写受益人的全称及详细地址。

⑦ 信用证币种(Currency Code)。

此栏应写信用证使用的币种名称。

⑧ 信用证金额(Amount)。

此栏应由申请人填写允许受益人使用的最高限额。要求用大小写两种方法表示信用证金额,且大小写要一致。

⑨ 信用证总数量或总金额允许上下浮动的比例(Quantity and Credit amount tolerance)。

⑩ 信用证的使用范围及信用证类型(Credit available with…)。

如果此栏选择"Issuing Bank",则表示此证应在有效期内交到被指定的开证行;如果选择"Any Bank",则表示此证中的单据可以被交到任何银行。

⑪ 汇票付款期限(Draft at…)。

如果是"即期",则表示成"At sight"。

⑫ 向……开出汇票(Draw on…)。

⑬ 是否允许分批出运(Partial shipment)。

⑭ 是否允许转运(Transhipment)。

⑮ 装船地点(Loading on board from…)。

⑯ 货物发送的最终目的地(for transportation to…)。

⑰ 最迟装运日(Latest shipment date)。

⑱ 货物描述(Descriptions of goods)。

此栏应由申请人根据贸易合同中签订的货物描述条款、数量条款、价格条款和包装条款等内容填写,应包括货物名称、规格、数量、单价、包装、唛头等内容。

⑲ 贸易术语(Price term)。

此栏,在出口业务中,外贸企业应争取选用 CIF 或 CFR 术语;进口业务,特别对于大宗货物进口,外贸企业应争取选用 FOB(FCA)术语。

⑳ 货物包装(Packing)。

㉑ 所需文件(Documents required)。

此栏应由申请人选择填写，需要受益人提交的各种单据，以及对相关单据的具体要求，在所需的选择前打钩。

㉒ 附加条件（Additional Instructions）。

此栏用于交易双方有特殊约定，即双方的约定与《UCP600》的规定不符时，由申请人通过附加条件的形式注明，在所需的选择前打钩。

㉓ 所有银行费用、利息及开证行额外费用由……承担（All banking charges and interest if any outside bank are for account of...）。

㉔ 交单期限（Documents to presented within... days after the date of issuance of the transport document(s) but within the validity of the credit）。

㉕ 合同号（Contract NO.）。

㉖ 货号（Goods code）。

（7）提交过后再次确认信用证信息，点击"确定"。

（8）从列表中选择用于签名的本人证书，点击"确定"，如图5-9所示。

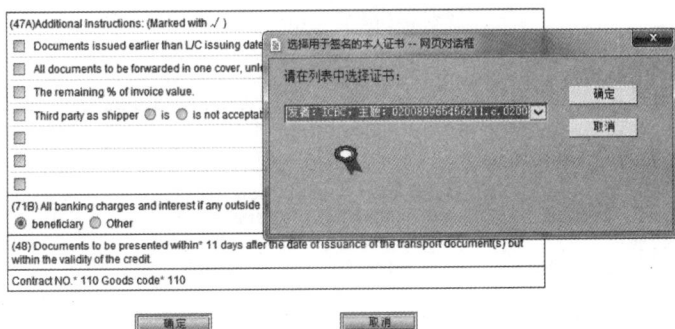

图5-9 选择签名的证书

（9）输入对应的密码（不少于六位数字），如图5-10所示。

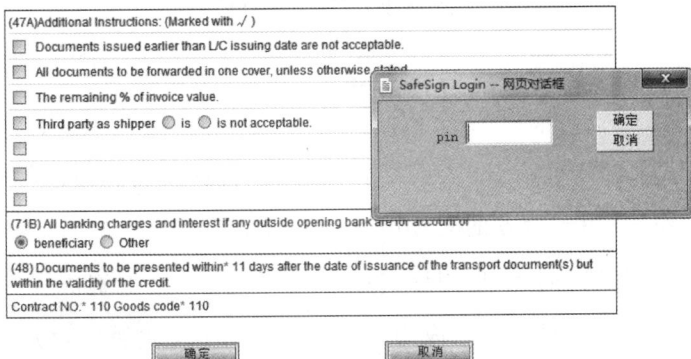

图5-10 输入密码界面

（10）确定签名数据，如图 5-11 所示。

图 5-11　数据签名信息

（11）信用证指令提交成功，如图 5-12 所示。

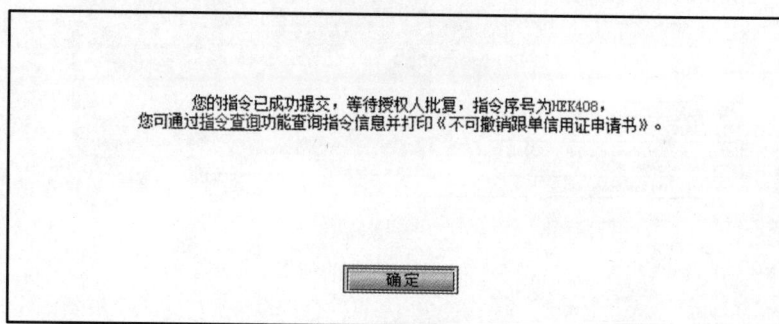

图 5-12　指令提交成功界面

三、信用证支付与结算的运用流程

网上信用证付款的方式是随着国际贸易的发展，在银行参与国际贸易结算的过程中逐步形成的。由于货款的支付以取得符合信用证规定的货运单据为条件，避免了预付货款的风险，因此，信用证支付方式在很大程度上解决了进、出口双方在付款和交货问题上的矛盾，它已成为国际贸易中的一种主要付款方式。

网上跟单信用证操作流程如图5-13所示：

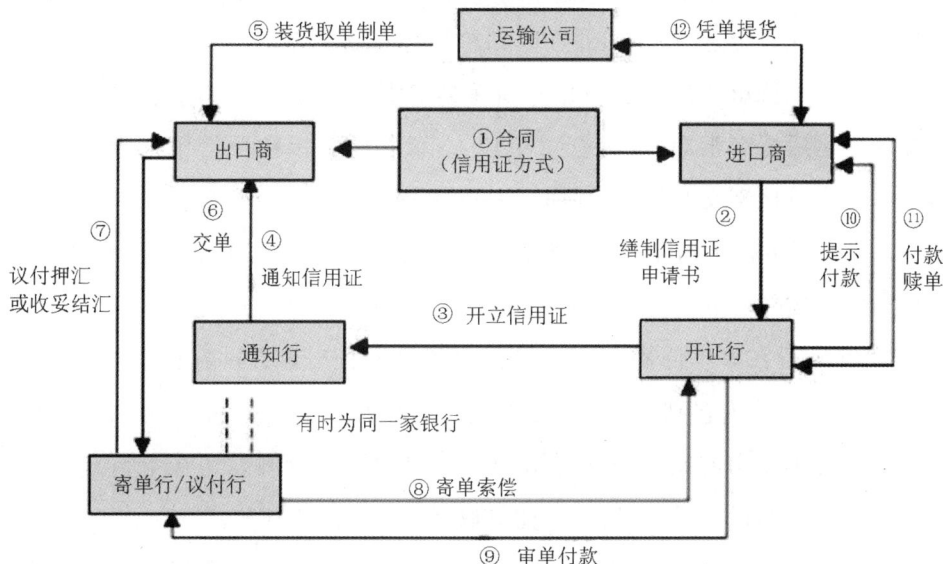

图5-13　网上跟单信用证操作流程

（1）申请人（进口商）申请开证，进出口双方在贸易合同中，规定使用信用证方式付款的，根据贸易合同的约定，进口人在合同中规定的期限内以开证申请人的身份向当地银行申请开立信用证。

（2）申请人在当地银行（开证行）开立以卖方为受益人（出口商）的信用证。

（3）开证行请求另一银行通知或保兑信用证。

（4）通知行通知受益人。通知行收到信用证后，应立即核对信用证的签字印鉴或押密，还要审查信用证的条款，在信用证条款完整、清楚的情况下，除留存副本或复印件外，须迅速将信用证交给受益人。

（5）受益人审核、修改信用证，备货出运并提示单据。受益人收到信用证后，应立即进行认真审查，主要审查信用证中所列的条款与买卖合同中所列的条款是否相符。如发现有不能接受的内容，应及时通知开证人，请求其修改信用证。受益人经审证无误，或收到修改通知书确认后，应立即根据信用证规定发运货物。

（6）卖方将单据向指定银行提交。该银行可能是开证行，或是信用证内指定的付款、承兑或议付银行。

（7）该银行按照信用证审核单据。如单据符合信用证规定，银行将按信用证规定进行支付、承兑或议付。

(8) 通知行或议付行审单议付并向开证行寄单索偿。议付行在收到单据后应立即按照信用证规定进行审单,并在收到单据次日起至多5个银行工作日确定交单是否相符。银行审单仅基于单据本身确定其是否在表面上构成相符交单。议付行办理议付后持有汇票,成为善意持票人,议付行可以按照信用证条款中有关寄单的规定将单据寄交开证行,并向开证行或其指定的偿付行索偿。

(9) 开证行审核单据无误后,以事先约定的形式,对已按照信用证付款、承兑或议付的银行偿付。同时应立即通知开证申请人付款赎单。

(10) 开证行在审单付款的同时,应立即通知开证申请人付款赎单。

(11) 开证申请人接到通知后,应立即到开证行检验单据,如认为无误,就应将全部货款和有关费用向银行一次付清而赎回单据。银行则返还在申请开证时开证人所交的押金和抵押品,然后买方凭单取货。

信用证的履行,单据的提交起着非常重要的作用,受益人向银行提交单据后是否能得到货款,在很大程度上取决于是否已开立的信用证和单据是否备齐。

四、网上信用证的特征

1. 网上信用证支付方式的特点

(1) 开证行承担第一性的而且是独立的付款责任。

(2) 信用证是一项自足文件。信用证虽然是根据买卖合同开立的,但信用证一经开出,就成为独立于买卖合同以外的一项约定。

(3) 信用证是一种单据买卖,各有关当事人处理的是单据,而不是货物、服务和/或其他行为。银行只负责单证、单单之间的表面相符。

2. 网上信用证支付方式的作用

(1) 对出口商的作用

① 保证出口商凭单取得货款。

② 可以取得资金融通。

(2) 对进口商的作用

① 保证按时、按质、按量收到货物。

② 提供资金融通。

（3）对银行的作用

开证行接受进口商的开证申请，即承担开立信用证和付款的责任，它贷出的只是信用而不是资金。所以进口商在申请开证时要向银行提交一定的押金或担保品，为银行利用资金提供了便利。此外，在信用证业务中，银行每一项服务均可取得各种收益，如开证费、通知费、议付费、保兑费、修改费等各项费用。此外通过信用证业务，还可以带动其他业务往来，如保险仓储等业务，为银行增加收益。

第三节　相关案例

本案例将介绍网上信用证在跨境电子商务 B2B 实务中的支付与结算。

加拿大 Sunshine 公司是经加拿大批准的具有进出口经营权的综合性贸易公司。其经营范围包括机电设备、金属材料、化工原料、轻工产品等。公司与多家供货商有固定的业务往来，货源基础雄厚。

2015 年 1 月该公司业务员从报纸上看到一则"柯力贸易有限公司求购瓷器"的求购信息，了解上述信息后，加拿大 Sunshine 公司立即与该公司去函联系，表达希望建立业务关系的热切愿望。建立业务关系的邮件发出不久，中国柯力贸易有限公司表示对 HX1115、HX11285 和 HX4510 几种产品感兴趣，在双方的磋商下，确定了以信用证为支付方式的贸易合同。

2015 年 1 月 30 日，柯力贸易有限公司通过中国工商银行开立了以加拿大 Sunshine 公司为受益人的网上信用证。2015 年 2 月加拿大 Sunshine 公司收到了该信用证，在货物装运之前，加拿大 Sunshine 公司对信用证经过仔细审核确认无误后装运发货。在办理货物出运工作的同时，加拿大 Sunshine 公司也开始了议付单据的制作。制作完整套提单提交进口方指定的加拿大银行交单议付，加拿大银行按照信用证审核单据，单据符合信用证规定，银行按信用证规定进行议付，同时加拿大银行向中国工商银行寄单索偿，中国工商银行在审核单据无误后，对已按照信用证议付的加拿大银行进行偿付，同时通知柯力贸易有限公司付款赎单。柯力贸易有限公司审核单据无误后确认付款，加拿大 Sunshine 公司随即收到了柯力贸易有限公司的付款。

思考题

（1）网上信用证与传统信用证相比，具有哪些优势？

（2）请对网上信用证业务的效用进行分析？

本章参考资料

［1］苏林.浅谈信用证在国际贸易支付中的应用［J］.科技资讯,2012(2).

［2］陈翊.开展网上信用证业务的理论和实践［J］.对外经贸实务,2005(12).

［3］肖艳,邓光好.论信用证在网上贸易结算中的应用［J］.商场现代化,2006(12).

第六章　实验项目 4：跨境银行转账

　　跨境银行汇款是国际贸易支付结算的主要产品之一,即银行接受客户的汇款委托,把外汇款项通过银行的海外联行或国外代理行,汇到汇款人指定的收款人所在的银行账户。用企业网上银行进行跨境转账时,跨境汇款业务中现汇账户与购汇账户至少选择其一,现汇、购汇、其他、费用账户必须是同一省内账户(省行联行号相同)。如果现汇账户不为空,现汇金额也不能为空;同样,购汇账户不为空时,购汇金额也不能为空。不同银行企业和个人网上银行跨境转账手续费不同,需根据客户具体情况选择。

第一节　实验目的和实验内容

一、实验目的

(1) 通过本实验使学生了解跨境银行转账方式。

(2) 通过本实验使学生掌握跨境银行转账平台的开通方法。

（3）通过本实验使学生能够运用跨境转账方式借助银行完成电商交易。

二、实验内容

（1）浏览某银行网站（实验步骤中以中国工商银行为例）。

（2）了解个人网上银行转账汇款业务的服务内容和功能。

（3）熟悉个人网上银行业务的电子支付转账流程及有关规定。

（4）申请开通个人网上银行业务。

（5）通过个人网上银行进行跨境转账汇款操作。

第二节　实验方法和实验步骤

中国工商银行跨境银行转账方法和步骤如下：

（1）打开中国工商银行官方网站（www.icbc.com.cn）。

（2）找到网站左上角菜单栏，点击中国工商银行"个人网上银行"，如图 6-1 所示。

图 6-1　工商银行首页

（3）登录中国工商银行个人网上银行，如图6-2所示。

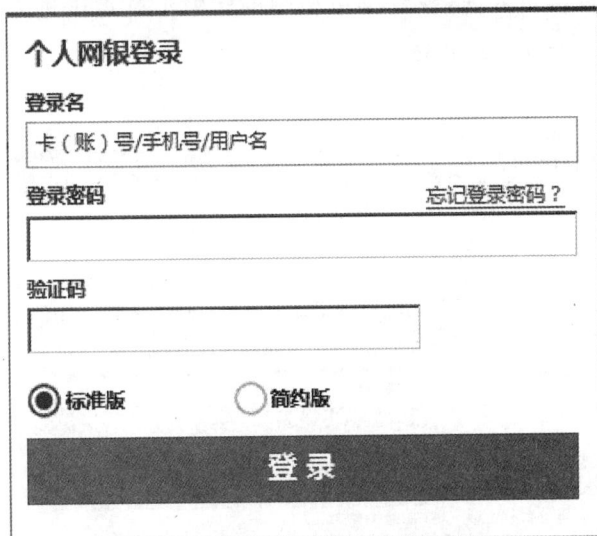

图6-2 中国工商银行个人网银登录界面

（4）购汇。

① 登录网上银行（标准版），点击顶头目录栏第2行第7栏的"结售汇"业务，选择"购汇"进入购汇页面，按照指示选择相应的选项即可，如图6-3所示。

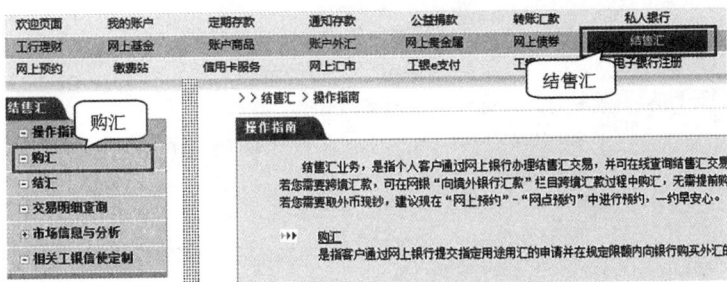

图6-3 工行个人网银结汇界面

② 注意购汇选项的选择。

第三项"钞汇标志"请选择"汇"。

第四项"购汇币种"请选择对应投资市场：如"港币"（港股）或"美元"（美股）等。

第五项"购汇金额"自由填写，限额为：每人每年等额5万美元。

第六项"汇款资金用途"请选择"境外旅游""自费出境学习"为宜。

（5）进入汇款网页界面，找到菜单栏中的转账汇款点击进入，选择第 7 项"向境外银行汇款"，如图 6-4 所示。

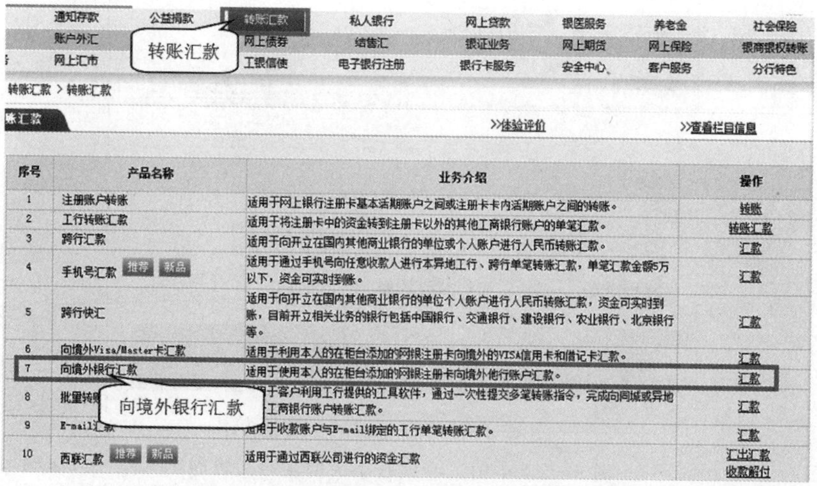

图 6-4　工行个人网银跨国汇款选项

① 在"第一步"的相关收款信息表单中进行填写，如图 6-5 所示。

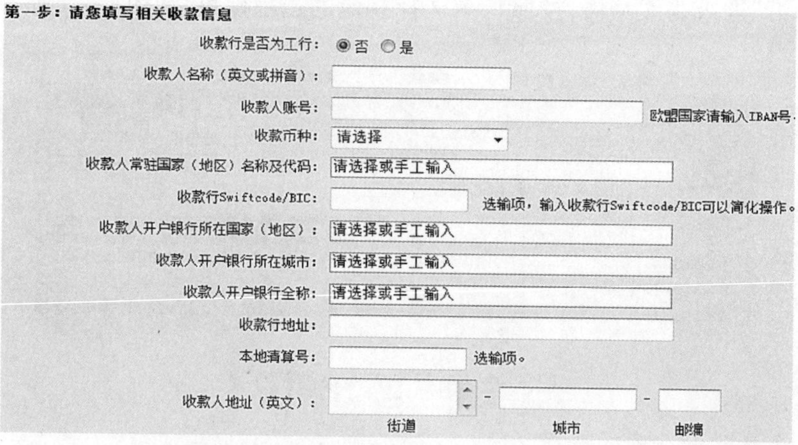

图 6-5　收款信息填写

② 在"第二步"的相关付款信息表单中进行填写，如图 6-6 所示。

"汇款人英文姓名"请填写本人的姓名拼音大写。

核对默认的其他信息，并填写对应汇款地址的邮政编码。

③ 在"第三步"的相关款项信息表单中进行填写，如图 6-7 所示。

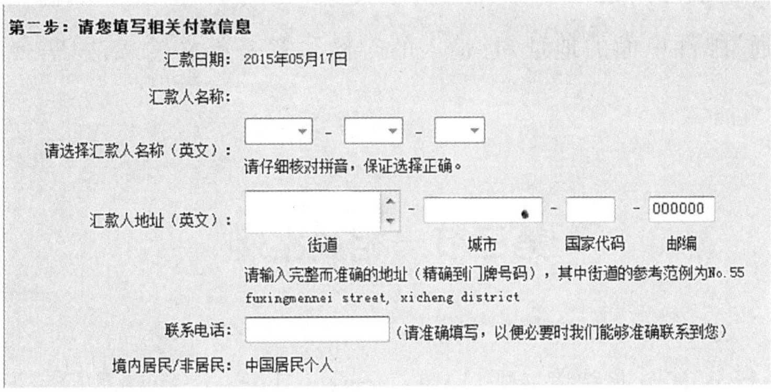

图 6-6　付款信息填写

汇款金额需要注意单笔不能超过等值 3 万美元/笔，单日不超过等值 5 万美元，手续费请参照"入款提款指引"。

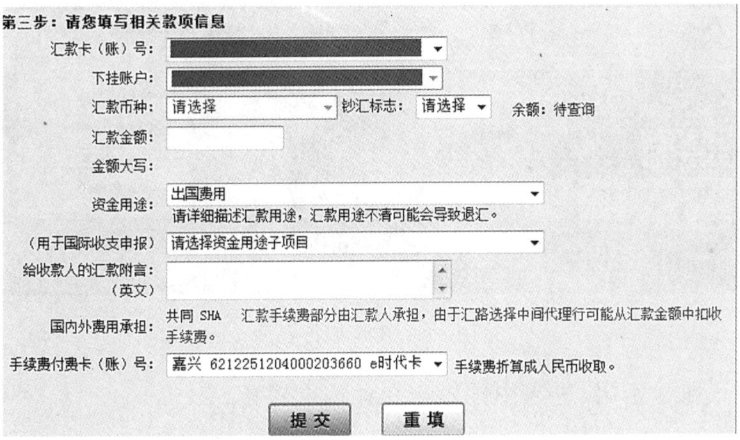

图 6-7　相关款项信息填写

④ 确认信息填写是否正确，点击"提交"。

（6）确认"境外申请汇款申请书"。

（7）点击获得交易码，输入手机交易码和动态口令，点击"确认"。

（8）汇款成功后，保留电子汇款凭证并第一时间联系客服。

中国银行网上银行和工商银行相似，只是"国际汇款代码（SWIFT CODE）"不同，需要 11 位，所以在原国际汇款代码后加三个 X 即可，即 UBHKHKHHXXX。

中国银行网银还需要填写"收款人邮编"，中国香港地区其实是没有邮编的，但必须填写，所以填写 888888 即可。

最后,中国银行网银在填写"收款银行地址"的时候,需要手动输入,不可直接复制"汇款通"邮件里面的地址,且输入的时候注意是英文输入法,需使用半角,全部要大写。

第三节　相关案例

中国银行 B2B 企业跨境转账(http：//www.boc.cn/)实例如下：

(1)登录中国银行官网,看到右边菜单栏,点击"企业客户网银登录",如图6-8所示。

图 6-8　中国银行首页

(2)输入账号密码,进入中国银行企业网上银行。

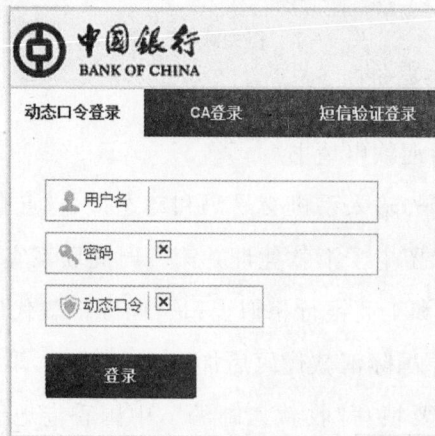

图 6-9　中国银行企业网银登录

（3）在主页菜单栏右上角选择"国际结算"选项，然后在左面侧边栏选择"跨境汇款"项目如图6-10所示。

图6-10　企业网银跨境汇款转账

（4）填制具体汇款信息，包括汇款信息、收款信息和其他信息等，如图6-11、图6-12、图6-13所示。

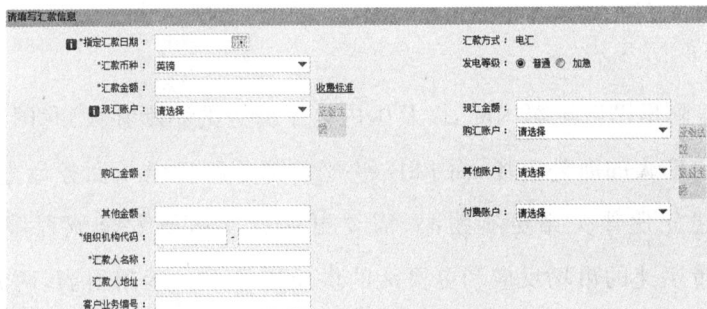

图6-11　汇款信息填写

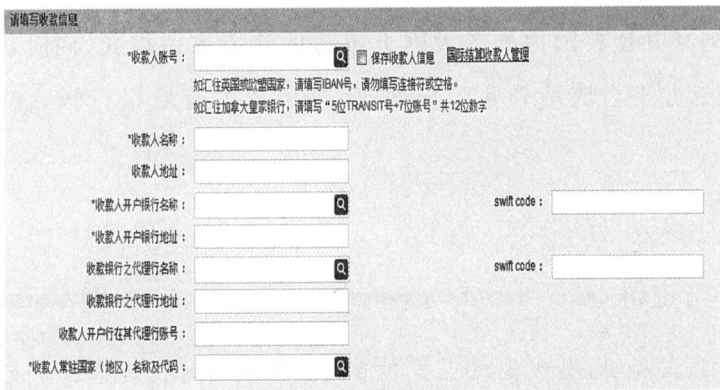

图6-12　收款信息填写

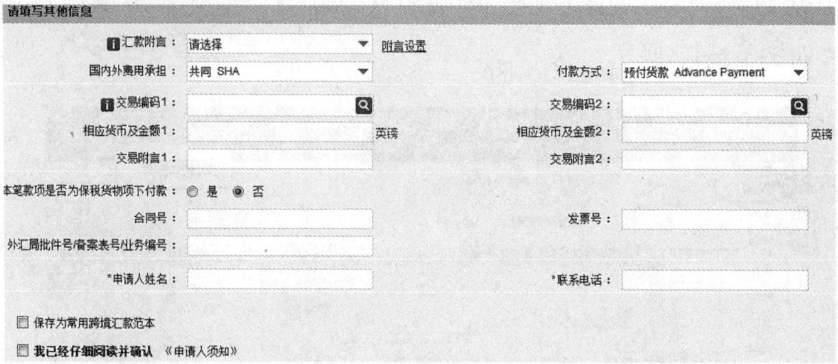

图 6-13　其他信息填写

（5）经仔细阅读并确认《申请人须知》，再次检查所填制信息，确认后点击"确认"。

（6）汇款完成，与国外商家进行确认。

思考题

（1）随着阿里巴巴进军国际，以及国内电子商务的不断壮大，我国跨境电子商务正在开拓更广大的海外市场，而 B2B 和 B2C 都是跨境电子商务最重要的形式。B2B 需要对建立伙伴关系更有耐心、需要更加扎实地研发全流程服务能力；而 B2C 则更注重迅速的市场反应和更灵活的供应链管理。运用得当，两者都是开拓海外市场的利器，但是随着各方要素的整合，在跨境贸易和支付中，B2B 和 B2C 哪一项更具有发展前景？

（2）请列举并比较国内外各大网上银行的跨境支付模式，同时比较跨境银行转账与第三方平台跨境转账的异同，并分析我国跨境银行转账的优劣点有哪些？

本章参考资料

[1] 马梅，朱晓明，周金黄，等. 支付革命：互联网时代的第三方支付[M].北京：中信出版社，2014.

［2］周虹.电子支付与网络银行[M].北京：中国人民大学出版社,2011.

［3］李耀东.互联网金融[M].北京：电子工业出版社,2014.

［4］王俊杰.B2B电子虚拟市场发展模式研究——基于中国第三个主导的视角[M].北京：经济管理出版社,2007.

［5］杨松,郭金良.跨境电子支付服务风险监管法律问题研究[J].法治研究,2013(2).

第七章　实验项目 5：
PayPal 支付与结算

　　贝宝(PayPal),1998 年 12 月由 Peter Thiel 及 Max Levchin 建立,是一个总部在美国加利福尼亚州圣荷西市的因特网服务商,允许在使用电子邮件来标识身份的用户之间转移资金,避免了传统的邮寄支票或者汇款的方法。PayPal 是倍受全球亿万用户追捧的国际贸易支付工具,即时支付,即时到账,全中文操作界面,能通过中国的本地银行轻松提现。PayPal 也和一些电子商务网站合作,成为它们的货款支付方式之一。但是用这种支付方式转账时,PayPal 会收取一定数额的手续费。

第一节　实验目的与实验内容

一、本章实验目的

（1）通过本实验学习使学生了解 PayPal。

（2）通过本实验学习使学生掌握 PayPal 的开通方法。

（3）通过本实验学生使学生能够运用 PayPal 方式借助 eBay（平台）完成跨境电商交易。

二、本章实验内容

（1）了解 PayPal 功能。

（2）申请并开通 PayPal 账户。

（3）PayPal 流程操作。

（4）借助 eBay 购物网站完成交易。

第二节　实验方法和实验步骤

一、平台开通流程

（1）首先进入 www. paypal. com 这个网址。按照图 7-1，点击"Sign up now"，即可进行相应的操作。

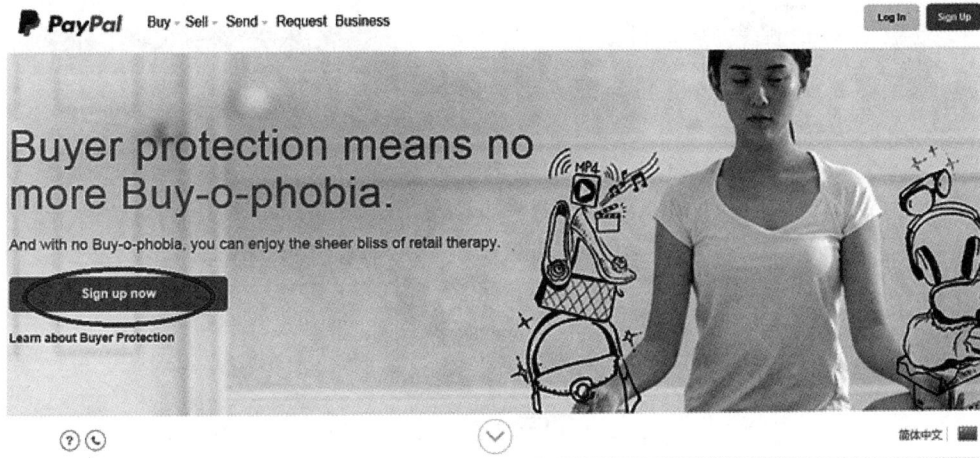

图 7-1　PayPal 首页

（2）点击注册后，一般有两种类型的账户，即个人账户和企业账户。一般来说企业账户适用于以企业或团体名义经营的商家，特别是使用公司银行账户提现的

商家用户。一般情况下可以注册个人账户,如图7-2所示:

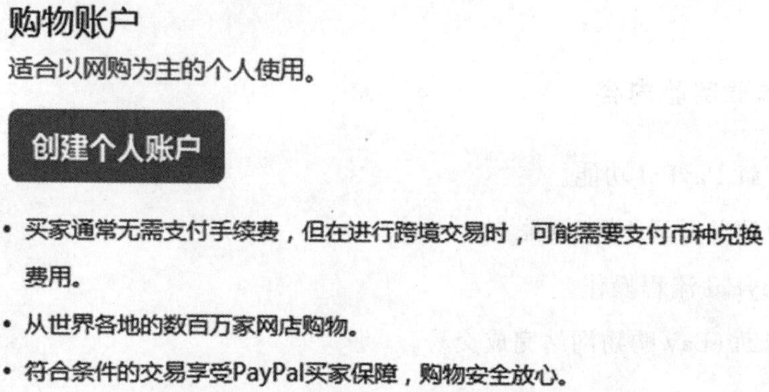

购物账户

适合以网购为主的个人使用。

创建个人账户

· 买家通常无需支付手续费,但在进行跨境交易时,可能需要支付币种兑换费用。
· 从世界各地的数百万家网店购物。
· 符合条件的交易享受PayPal买家保障,购物安全放心。

图7-2　创建 PayPal 账户

(3)这里我们选择以注册个人账户为例,在个人账户下方点击创建个人账户,填写以下信息。全部填写完成后,点击同意并创建账户,就能获得一个 PayPal 账户,如图7-3所示:

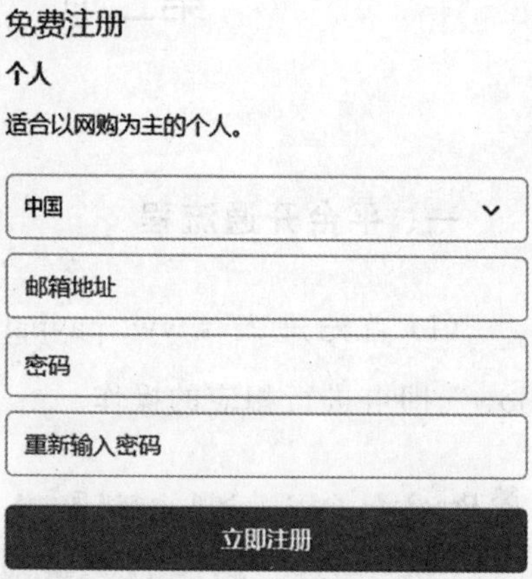

二、支付与结算流程

(1)付款流程。

登录 PayPal 账户,点击付款,然后输入你要付款到哪个 PayPal 账号和金额,接着点击继续,如图7-4所示。

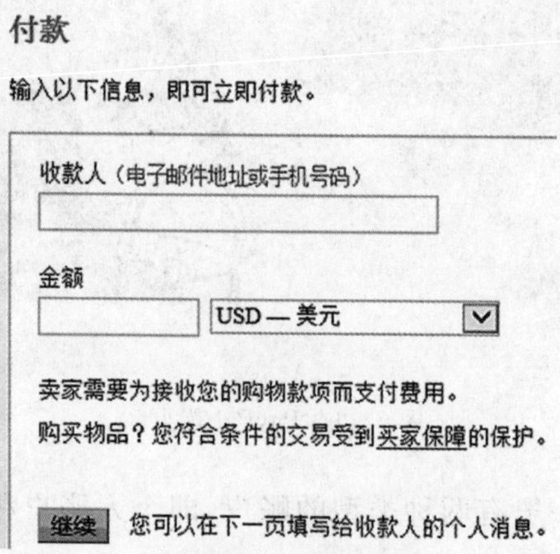

免费注册

个人

适合以网购为主的个人。

中国

邮箱地址

密码

重新输入密码

立即注册

图7-3　PayPal 个人账户创建

付款

输入以下信息,即可立即付款。

收款人（电子邮件地址或手机号码）

金额

USD — 美元

卖家需要为接收您的购物款项而支付费用。
购买物品？您符合条件的交易受到买家保障的保护。

继续　您可以在下一页填写给收款人的个人消息。

图7-4　付款流程第一步

再确认一次金额和对方的 PayPal 账号，然后点击付款，就可以完成付款了，如图 7－5 所示。

（2）收款流程（主动请款流程）。

登陆 PayPal 账号后，点击收款，然后输入对方的 PayPal 账号和金额，然后点击继续，如图 7－6 所示。

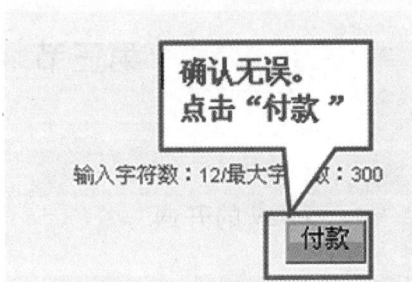

图 7－5　付款流程第二步

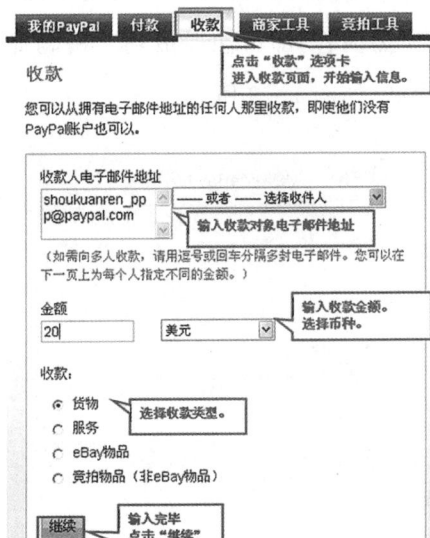

图 7－6　收款流程第一步

再次确认对方的 PayPal 账号和金额，就可以点击收款，这样请款的操作就完成了，如图 7－7 所示。

图 7－7　收款流程第二步

第三节　eBay 开通和使用

一、eBay 的开通

为方便操作,建议先注册 PayPal 账户,再注册 eBay 账户。登录 eBay 中国官网(http://www.ebay.cn),点击注册按钮,会自动跳转至 eBay 香港,页面为繁体中文,按照要求填写全部所需内容,即可注册成功。密码提示问题处不要乱填,有可能后期会有需要用此验证,如图 7-8 所示。

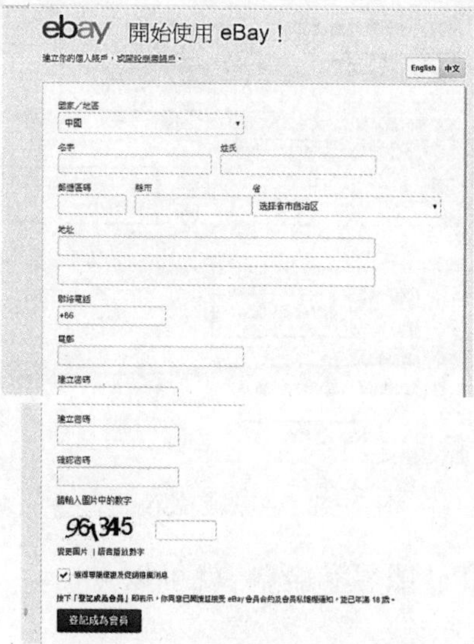

图 7-8　eBay 注册界面

二、eBay 的使用

(1)绑定 PayPal 账户。登录 eBay 香港网站(http://www.ebay.com.hk),在"我的账户—PayPal 账户"栏目中,绑定之前注册的 PayPal 账户,如图 7-9 所示。

首頁 > 我的 eBay > 我的帳戶

我的 eBay 1327390 (0)

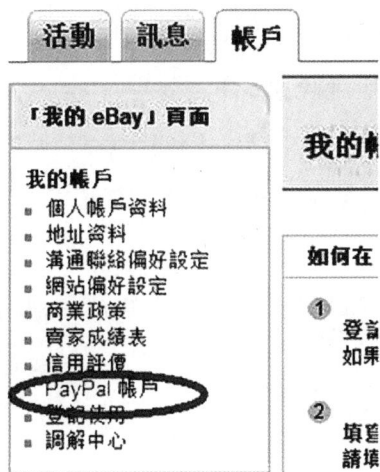

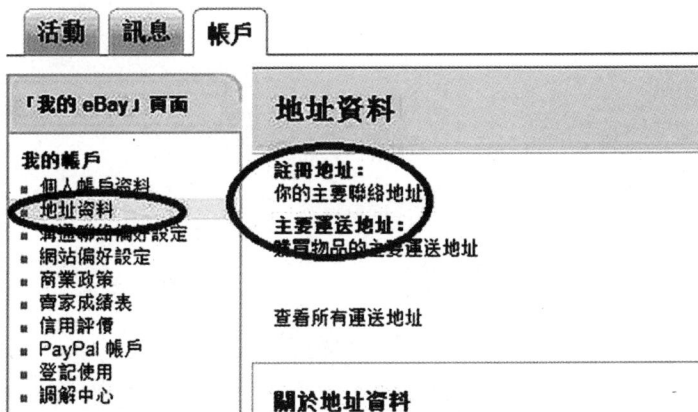

活動　訊息　帳戶

「我的 eBay」頁面

我的帳戶
■ 個人帳戶資料
■ 地址資料
■ 溝通聯絡偏好設定
■ 網站偏好設定
■ 商業政策
■ 賣家成績表
■ 信用評價
■ PayPal 帳戶
■ 登記使用
■ 調解中心

我的帳

如何在

① 登記
　如果

② 填寫
　請填

图 7-9　绑定 PayPal 账户

（2）填写收货地址。在"我的账户—地址资料"中，可以在"注册地址"之外再填写一个"主要运送地址"。此地址不限制国家，因此可以填写转运地址，如图 7-10 所示。

我的 eBay 1327390 (0)

活動　訊息　帳戶

「我的 eBay」頁面

我的帳戶
■ 個人帳戶資料
■ 地址資料
■ 溝通聯絡偏好設定
■ 網站偏好設定
■ 商業政策
■ 賣家成績表
■ 信用評價
■ PayPal 帳戶
■ 登記使用
■ 調解中心

地址資料

註冊地址：
你的主要聯絡地址
主要運送地址：
購買物品的主要運送地址

查看所有運送地址

關於地址資料

图 7-10　填写收货地址

（3）至此即可以使用此 eBay 账户进行海淘了。但此账户也有诸多注意事项。

eBay 注意事项：

① eBay 香港账号可以登录全球 eBay 网站，但 eBay.cn 的账号需要额外设置，第一次登录可能会需要使用电话验证账户有效性。建议使用座机，电话打来后，按♯键，会听到用英语报的 4 位数字，建议听力不好的网友找个英语听力好的帮手来验证。除了注册，其他时候基本不需要登录 eBay.cn 网站。

② eBay 上部分商家不支持中国区 PayPal 账户（例如 www.newegg.com——美国新蛋网站）。部分商家不支持国内 62 开头的借记卡支付（例如 Barnes&Noble——巴诺书店）。

③ eBay 的运送地址可以同步到 PayPal 账户中，但该地址在非 eBay 网站下单时不可用。

第四节　相关案例

eBay 购物 B2C 案例：

（1）完成 PayPal 和 eBay 的账户注册，绑定双币信用卡至 PayPal，并完成 eBay 和 PayPal 的绑定，登录美国 eBay 网站（http://www.ebay.com）。

（2）在首页搜索条中输入"NOOK Simple Touch"，第一条即为该商品。如图 7-11 所示。

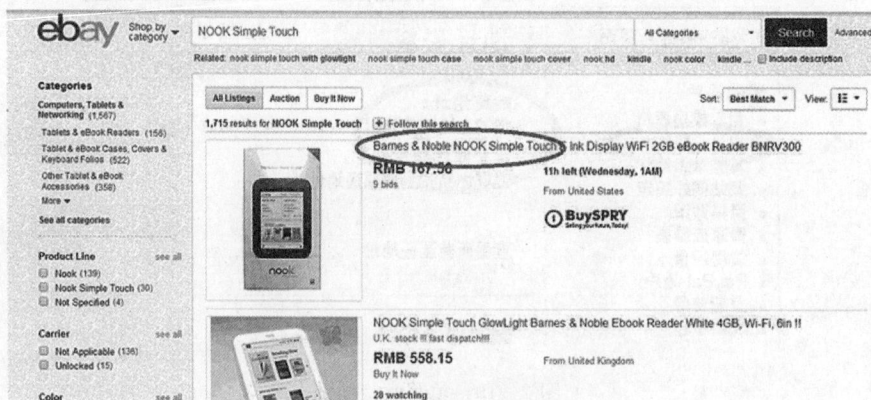

图 7-11　在 eBay 网站搜索产品

（3）点击进入后，选择一个"Buy it Now"的产品点击进入，浏览详情后，点击"Buy it Now"，进行购买，如图 7 - 12 所示。

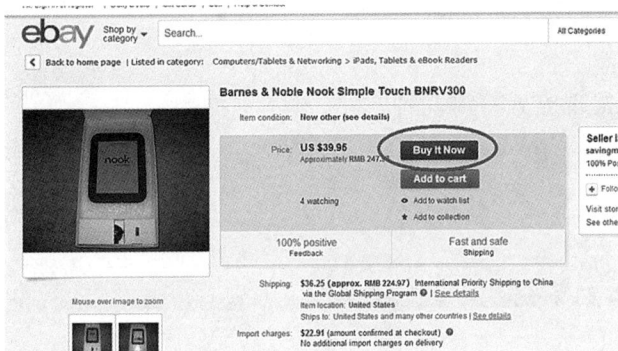

图 7 - 12　商品详情

（4）在商品页面下单，进入订单提交页面，如果之前在 eBay 添了收货地址，会自动填充，否则会提醒需要重填地址。顶部有一些提醒，如果出错也会有错误提示告诉你如何修改。支付信息右下方可填写优惠码或 Giftcard。底部有提交按钮，提交后即可进入 PayPal 支付页面，如图 7 - 13 所示。

（5）PayPal 首先会要求登录，此时已经是中文页面了，剩下的操作很简单，可以更改付款方式（比如在多张卡片中进行选择），点击继续就支付成功了，如图 7 - 14 所示。

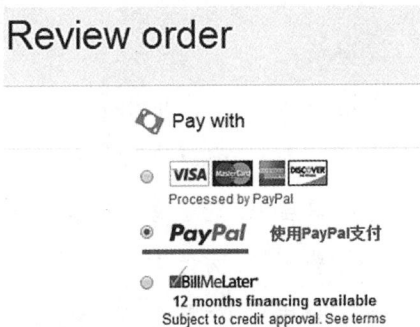

图 7 - 13　订单提交

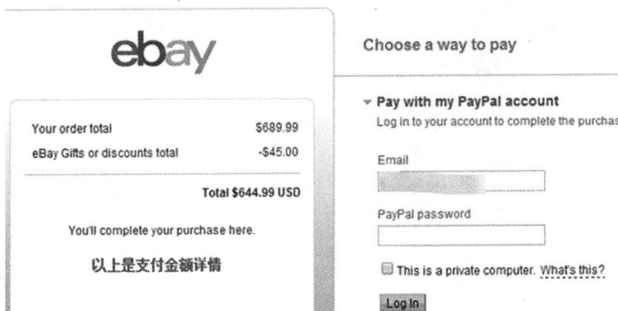

图 7 - 14　PayPal 登录页面

（6）剩下的就是在 eBay 等待商家发货,查看物流进度,和其他海淘就一样了。

思考题

（1）PayPal 提现方式有哪几种？

（2）作为 eBay 卖家,应该注册哪种账户？

本章参考资料

[1] 雷保中.PayPal:网上支付霸主[J].产权导刊,2006(1).

[2] 马刚,李洪心.电子商务支付与结算[M].大连:东北财经大学出版社,2009.

[3] 刘吉成.企业电子商务[M].北京:经济科学出版社,2004.

[4] 柯新生.网络支付与结算[M].北京:电子工业出版社,2006.

[5] 韩宝明.电子商务安全与支付[M].北京:人民邮电出版社,2007.

[6] 张宽海.网上支付结算与电子商务[M].重庆:重庆大学出版社,2005.

[7] 何宝宏.电子商务中支付方法的演进[M].中国数据通讯网络,2000.

[8] 凌彩金.中国第三方支付现状分析[J].苏州市职业大学学报,2007(4).

[9] 梅格·惠特曼.四购 PayPal.商界(评论),2010(10).

[10] 杨怀珍.支付宝与 PayPal 的运营比较.沿海企业与科技,2007(12).

第八章 实验项目6：西联汇款

知识点介绍

西联汇款是国际汇款公司（Western Union）的简称，是世界上领先的特快汇款公司，迄今已有150年的历史，它拥有全球最大、最先进的电子汇兑金融网络，代理网点遍布全球近200个国家和地区。西联公司是美国财富五百强之一的第一数据公司（FDC）的子公司。中国农业银行、中国光大银行、中国邮政储蓄银行、中国建设银行、浙江稠州商业银行、吉林银行、哈尔滨银行、福建海峡银行、烟台银行、龙江银行、温州银行、徽商银行、浦发银行等多家银行均是西联汇款的中国合作伙伴。

西联国际汇款与普通国际汇款相比，有比较明显的优点。主要是它不需开立银行账户，1万美元以下业务不需提供外汇监管部门审批文件；汇款在10分钟之内就可以汇到，简便快捷。而普通国际汇款需要3～7天才能到账，2000美元以上还须外汇监管部门审批。西联国际汇款的优点是安全，可以先收钱后发货，对商家最有利。其缺点是汇款手续费按笔收取，对于小额收款手续费高；很多时候买家会不信任，比如第一次与某个卖家合作，打款给卖家了，但卖家不发货该怎么办，不信任就可能导致交易关闭。西联国际汇款属于传统型的交易模式，不能很好地适应新型的国际市场。

中国邮政储蓄银行是西联公司在中国业务量最多的合作伙伴,需要特别说明的是,中国邮政储蓄银行在各大城市设立了专门的西联业务旗舰店,这是国内其他西联合作银行所不具备的优势。

第一节　实验目的和实验内容

一、实验目的

(1) 通过本实验学习使学生了解西联汇款支付方式。

(2) 通过本实验学习使学生掌握中国邮政储蓄银行网上银行平台的开通方法。

(3) 通过本实验学习使学生能够运用西联汇款方式借助中国邮政储蓄银行网上银行完成跨境电商交易。

二、实验内容

(1) 了解西联汇款支付方式。

(2) 开通中国邮政储蓄银行网上银行。

(3) 运用西联汇款方式借助中国邮政储蓄银行网上银行完成跨境电商交易汇款。

(4) 运用西联汇款方式借助中国邮政储蓄银行网上银行完成跨境电商交易取款。

第二节　实验方法和实验步骤

一、汇款和取款的方法

取款和汇款的方法非常简单。只需到最近的西联合作网点(如中国邮政储蓄银行、中国农业银行、浦发银行、中国光大银行、浙江稠州商业银行、吉林银行和福建海峡银行等)填写您的详细信息,其余的工作由西联完成。西联汇款在全球共有多达3640001个合作网点遍及200多个国家,所以很可能在自己附近的银行或邮局就设有办事处。

（一）汇款的方法

（1）填写汇款表单

填写西联提供的表单,然后向合作伙伴出示由政府发行的身份证或其他证件。

直接到账汇款服务需要汇款人在某一西联合作网点填写直接到账汇款表单,并提供收汇人的必要信息,包括收汇人的姓名、电话号码及银行卡账户信息(包括银行名称和银行卡号码)。

（2）支付汇款手续费

将要汇出的款额连同必要的服务费用一起交给合作伙伴。

（3）签名并接收收据

确认收据上的所有信息均无误之后,个人需要签署一张收据。收据所打印的内容之一是个人的汇款监控号码(MTCN)。可使用 MTCN 联机(在网上)跟踪汇款的状态。

（4）通知收款人

① 西联汇款中国营业厅与收款人取得联系,将一些必要信息告诉他/她,如汇款人姓名、汇款金额、汇款监控号码(MTCN)和汇款国家/地区。如第一次使用直接发汇至中国的银行卡账户的服务,注意收汇人应在中国时间早8点至晚8点拨打中国服务 800 热线。

② 通知收款人时需核实如下信息：

收汇人的中文名字汇款监控号码（MTCN）。

收汇人的有效身份证号码。

收汇银行名称和银行卡账号。

同一收汇人第一次使用直接到账汇款服务后,不需再拨打中国服务热线核实必要信息。但如果收汇人的必要信息有所改变(如汇款至同一银行的另一银行卡账户),则需要拨打中国服务 800 热线,核实其必要信息。

（5）跟踪汇款

转到西联网站主页上的"跟踪"链接。然后可通过键入自己姓名的拼音(汇款人姓名)和汇款监控码(MTCN)来跟踪汇款的状态。

(6) 检查汇款的状态

还可以拨打中国地区热线来了解汇款状态。

查询直接到账汇款服务(西联只提供从新加坡汇至中国的该汇款服务),可拨打中国地区热线。

(二) 取款的方法

(1) 确认款项

① 在前往西联合作网点之前,请确保汇款已经可以提取。可以直接联系汇款人进行确认,也可在网上跟踪汇款状态。

② 直接到账汇款服务核实如下信息:

收汇人的中文名字。

汇款监控号码(MTCN)。

收汇人的有效身份证号码。

收汇银行的名称和银行卡账号。

同一收汇人此后通过同一银行卡账户使用直接到账汇款服务,则不需再拨打中国服务 800 热线核实必要信息。但如果收汇人的必要信息有所改变(如汇款至同一银行的另一银行卡账户),则需要拨打中国服务 800 热线,核实其必要信息。

(2) 前往合作网点

切记携带以下信息:汇款人的姓名(包括姓、名)、汇款国家/地区、汇款金额、汇款监控号码(MTCN)、由政府发行的带有照片的身份证。

(3) 填写表单

只需填写该表单并向合作伙伴提供汇款监控号码(MTCN)和带有照片的身份证。

(4) 签署收据

将会给您一张收据。阅读其全部内容后在上面签名。

(5) 取款

合作伙伴随后会将款额连同收据一同交给收汇人,交易完成。

二、平台开通流程

（1）首先是柜台办理，这一步骤是很必要的，只有在柜台办理了才可以在网上激活网上银行，携带有效身份证件和注册所需的卡/折到银行任一营业网点办理注册手续，如图8-1所示。

图8-1 中国邮政储蓄银行柜台业务

（2）我们在柜面开通网银后，需再登录邮储银行个人网银界面，登录个人网银目的就是激活网银，如图8-2所示。

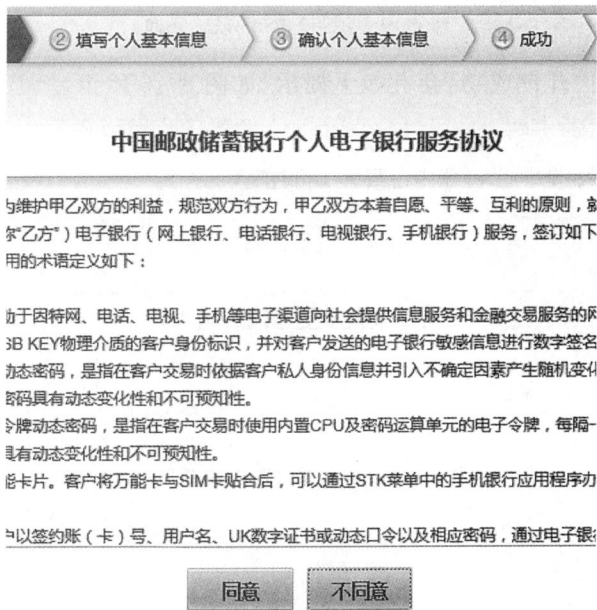

图8-2 中国邮政储蓄银行个人网银激活界面

（3）输入证件号、登录密码还有校验码后点击登录，跳转到图 8-3 所示界面。

>> 您的位置：首页 > 我关注的信息

欢迎登录中国邮政储蓄银行

尊敬的邮储 先生：这是您第 **139** 次 登录网上银行。

图 8-3　中国邮政储蓄银行登录成功界面

（4）接着填写个人基本信息，还需要填写"预留信息"，选择预留图片，预留信息是为了让用户确认是本人登录的，当用户发现预留信息和自己预留的不符合时可以停止网银操作，如图 8-4 所示。

预留文字：

预留图片：

* 点击图片更改

附加码：　　　　　　　　　　 44xx

图 8-4　填写"预留信息"界面

（5）网上支付开户成功，会有如下提示，如图 8-5 所示。

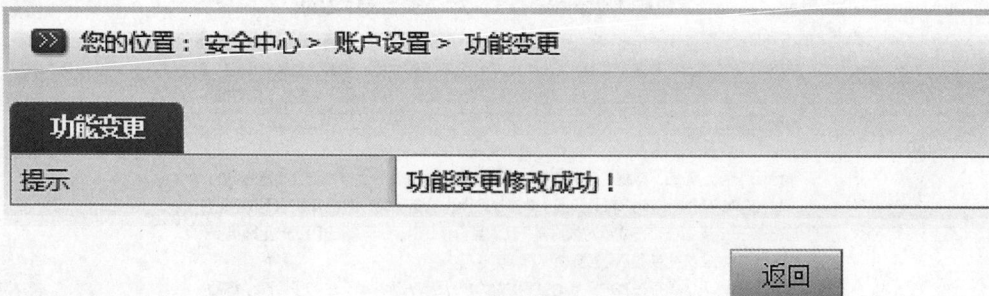

>> 您的位置：安全中心 > 账户设置 > 功能变更

功能变更

提示　　　　　　　　　　　 功能变更修改成功！

返回

图 8-5　网上支付开户成功界面

三、支付与结算的应用流程

（1）进入中国邮政储蓄银行官网，点击页面左侧上方的"个人网上银行登录"黄色区域，如图8-6所示。

（2）如果忘记网上银行登录所设置的用户名，在登录区域可以输入签约网银业务使用的身份证号码和网银登录密码进行登录，如图8-7所示。

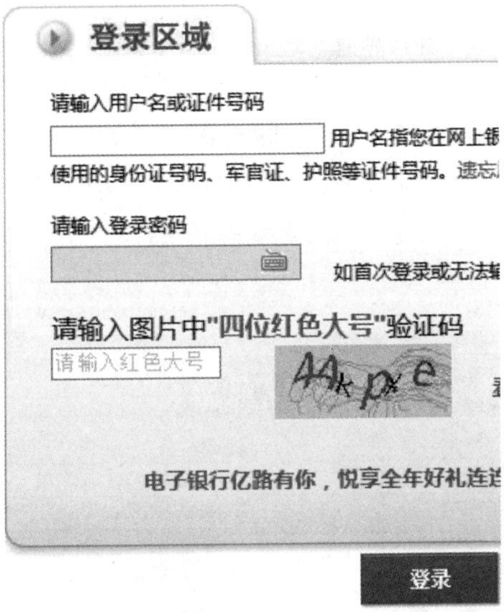

图8-6 登录中国邮政储蓄银行个人网银界面

图8-7 个人网银登录方式

（3）登录个人网银页面，点击"外汇通"—"跨境汇款"—"西联汇款收汇"，进入西联汇款收汇协议界面，如图8-8所示。

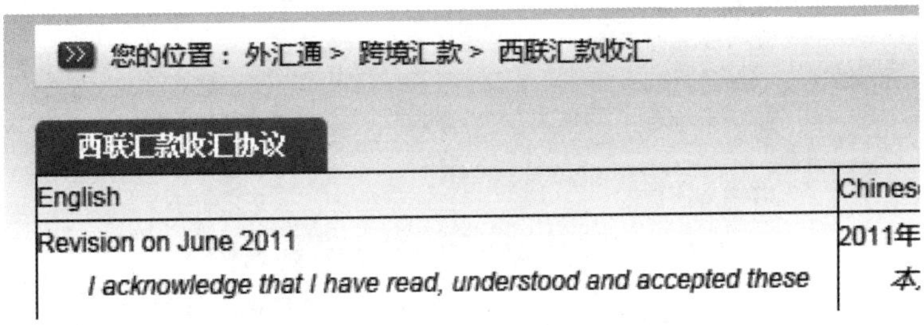

图8-8 西联汇款收汇协议界面

（4）阅读西联汇款收汇协议，拉动滚动轴可浏览协议所有内容，并点击"同意"按钮，进入西联收汇页面；若点击"不同意"按钮，则返回网银登录首页，如图8-9所示。

（5）进入西联收汇界面，输入"西联汇款监控号""收汇金额"并选择相应的"收汇币种""发汇国家"以及"收汇转存账号"后，点击"查询"按钮，如图8-10所示。

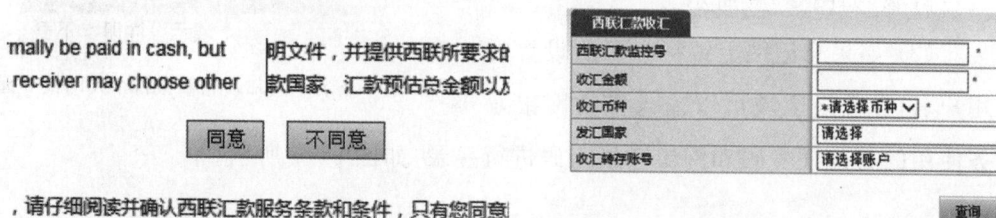

图8-9 西联汇款收汇确认界面

图8-10 西联汇款收汇操作界面

（6）进入查询结果界面，页面下方回显汇款信息，输入收汇人信息及国际收支申报信息后，点击确认按钮，如图8-11所示。

西联汇款监控号	1232112311
发汇国家	AU - 奥大利亚 AUSTRALIA
发汇人姓名	James
收汇人姓名	youchu
收汇金额	1000.00
收汇币种	美元
收汇人国籍	CN-中国CHINA
收汇转存账号	44030000000657
收汇人证件类型	身份证 *
收汇人证件号码	110112198806197897 *
收汇人证件发证机构	beijingshi gonganju xiche * 英文或拼
收汇证件有效日期	20190201 * 请输入(y
收汇人职业	计算机 *
收汇人省	beijingshi * 英文或拼
收汇人城市	beijingshi * 英文或拼
收汇人地址	beijingfengtai72haoyuan * 英文、拼
收汇人电话	13923567862 *
收汇人出生日期	19880619
收汇人出生国家	CN-中国CHINA
国际收支申报信息	
国际收支交易编码	301010_在境外工作一年以下雇员收
国际收支交易附言	在外工作一年以下人员工资

图8-11 西联汇款查询界面

（7）进入确认接收页面，会显示客户汇款信息、账户信息与国际收支申报信息，核对所有信息无误后，点击"确认"按钮进行收汇，如图 8-12 所示。

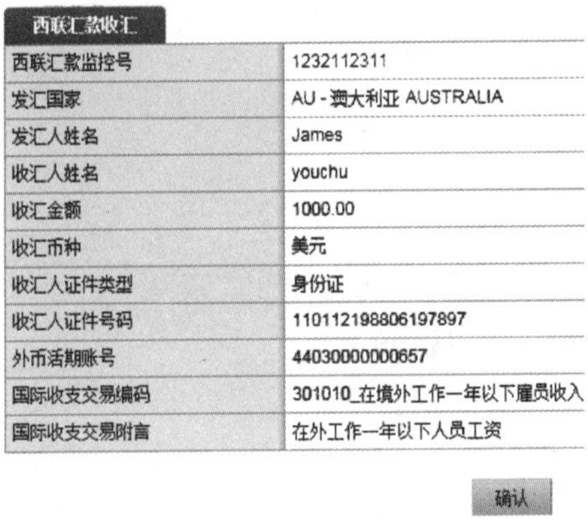

西联汇款收汇	
西联汇款监控号	1232112311
发汇国家	AU - 澳大利亚 AUSTRALIA
发汇人姓名	James
收汇人姓名	youchu
收汇金额	1000.00
收汇币种	美元
收汇人证件类型	身份证
收汇人证件号码	110112198806197897
外币活期账号	44030000000657
国际收支交易编码	301010_在境外工作一年以下雇员收入
国际收支交易附言	在外工作一年以下人员工资

确认

图 8-12 西联收汇确认信息界面

（8）进入西联汇款收汇转存成功页面，会显示汇款信息和申报信息，交易成功。客户可点击"返回"回到收汇初始页面。

第三节　相关案例

一、B2B 案例

（一）案例情景

客户 A 决定用西联汇款购买一批货物，其向中国公司发来的 E-mail 如下：

Dear Shirley，

Good day! We'd like to place sample order for 5 pcs of W401A TPMS. We'll pay it by Western Union. Can You sent the order to us by EMS? How much will it cost?

Looking forward to hearing from you.

Mr. Oleg

Auto Accessories Department

×××Co. Ltd.，Odessa Ukraine

我方B公司回复的E-mail如下：

Dear Oleg：

Thank you for your prompt reply. I have sent you the Invoice.

Our bank detail for Wester Union：

BENEFICIARY：Ju Gong

First name：Ju

Last name：Gong

ADD：No. 6××Road，××Administration District，××Town，Dongguan City，Guangdong Province，China

Tel：+86－15920222×××

Samples have been prepared and would be sent by EMS.

Yours respectfully,

Shirley

注意，要提供的只有受益人的姓、名、地址、电话，但是尤其需要注意的是不要将 first name(名)和 last name(姓)弄错了！

汇款完后，通知客户传来 customer copy，这上面会有很多信息，有一个叫十位数字汇款监控号的 MTCN 号，有了这个号就可以打电话问银行钱是否已到。钱到后，就可拿上这张单子和身份证去中国邮政储蓄银行取钱。

接下来就可以去中国邮政储蓄银行办理收款了。

(二)案例说明

(1) 得到客户汇款通知(汇款人姓名、地址、币种＋金额、十位数密码 MTCN)后，可以致电西联客户电话或是西联网站查询汇款状态。客户电话为 800－820－8668，网站为 http：//www. westernunion. com。

(2) 确认款项到达后，前往中国邮政储蓄银行网点进行申领。申领时，携带收款人(本人)身份证及汇款通知(客户提供给的汇款资料，同样，MTCN 最重要)。

（3）到达中国邮政储蓄银行后，可直接到 VIP 窗口领取一份《西联汇款收汇单》。

（4）其他需重复关注的事项：

收款金额与汇款金额有时会不同，因为西联汇款可能收取并扣除一部分的手续费，这与汇款人在汇款里的选择有关，手续费并不高，所以在填写《西联汇款收汇单》之前，先在 VIP 柜台查询一下实际的到款金额，再填上正确的"收汇金额"；如果要结汇为人民币时，还需要在结汇前，到农行等银行的国际业务部打一份"结汇通知书"。

二、B2C 案例

（一）案例情景

国内买家通过代购买了两罐澳大利亚的奶粉，协商通过西联汇款货到付款完成交易。收到货后，买家到附近网点填写汇款表单，包括收汇人的姓名、电话号码及银行卡账户信息（包括银行名称和银行卡号码），然后将要汇出的款额连同必要的服务费用一起交给合作伙伴。

买家在确认收据上的所有信息均无误之后，签署一张收据。收据所打印的内容之一是汇款监控号码（MTCN），可使用 MTCN 联机（在网上）跟踪汇款的状态。

之后买家与收款人取得联系，将一些必要信息告诉他/她，即汇款人姓名、汇款金额、汇款监控号码（MTCN）和汇款国家澳大利亚。

（二）案例说明

（1）银行需核实如下信息：

收汇人的中文名字汇款监控号码（MTCN）。

收汇人的有效身份证号码。

收汇银行名称和银行卡账号。

转到西联网站主页上的"跟踪"链接。然后通过键入姓名的拼音（汇款人姓名）和汇款监控码（MTCN）来跟踪汇款的状态，拨打中国地区热线来了解汇款状态。

卖家收到款项及收据后交易完成。

（2）卖家确保汇款已经可以提取后直接联系汇款人进行确认，核实如下信息：

收汇人的中文名字。

汇款监控号码（MTCN）。

收汇人的有效身份证号码。

收汇银行的名称和银行卡账号。

之后卖家前往合作网点，携带汇款人的姓名（包括姓、中间名和名）、汇款国家/地区、汇款金额、汇款监控号码（MTCN）、由政府发行的带有照片的身份证，填写表单。只需填写该表单并向买家提供汇款监控号码（MTCN）和带有照片的身份证。阅读全部内容后在收据上签名。卖家收到款项及收据后交易完成。

三、注意事项

（1）在某些国家/地区，尚未提供汇款服务，客户只能接收汇款。

（2）使用西联汇款的一些限制和需说明的情况：

① 首次采用直接到账汇款服务的收汇人需拨打中国服务 800 热线核实发汇人信息（如发汇人的姓名、汇款监控号码和发出汇款之国家）及收汇人信息（如收汇人的姓名、电话号码和银行账户信息）。

② 收汇人首次直接到账汇款交易通常需要 24～72 小时到达收汇人的银行账户，但受限于收汇人与中国服务 800 热线确认必要信息的时间、银行营业时间、银行和当地的节日，以及其他限制。

③ 发汇人提供的收汇人姓名和银行卡账户信息必须和到达银行记录的收汇人信息完全一致。若提供的信息不符，或发汇人提供不完整或难以辨认的银行信息或银行卡号码，汇款将无法到达银行卡账户。此种情况下，西联将向发汇人退回汇款金额但仍收取汇款手续费。

④ 如果收汇人被要求核实其必要信息但在第三个银行工作日（自发汇之日算起）中国时间下午 4 点前仍未进行信息核实，汇款将被拒绝。

⑤ 采用直接到账汇款服务汇款至不同银行卡账户（包括同一银行的不同银行卡账户），收汇人均需拨打中国服务 800 热线核实各个不同银行卡账户的必要信息。

⑥ 西联或合作伙伴不会通知发汇人及收汇人汇款已经到指定的银行卡账户。

（3）如果是向国外汇款，除手续费外，西联在将当地货币兑换成外国货币时，拥有其所产生的汇差获利。

思考题

（1）西联汇款适合哪些业务使用？

（2）使用西联汇款时需要注意些什么？

本章参考资料

［1］王炳焕.国际小额贸易支付工具的种类与比较分析［J］.对外经贸实务，2011(2).

［2］赵继放，孙金岭，魏国明.西联汇款业务亟待规范的几个问题［J］.河北金融，2006(3).

［3］杨子强，刘德龙，薛庆国.融"汇"贯通——外汇知识一本通［M］.济南：山东人民出版社，2010.

后 记

在互联网经济时代，人类的生产方式和生活方式从来不曾有过如此紧密的联系，不但在国内是这样，全球也开始这样。较典型的莫过于跨境电子商务活动带来的惊人变化。所以我们应该积极投身到电子商务活动中来，本教程的编写目的也基于此。

在本书的撰写过程中，冯潮前负责第一部分的编写以及全文的修改和统稿，这里要特别感谢相关业内人士的参与，他们是郑煌凯、方巧丽、秦文婷、董佳瑜、黄佳敏和王丽君，他们分别参与了实验项目 1、实验项目 2、实验项目 3、实验项目 4、实验项目 5 和实验项目 6 的编写。

跨境电子商务各项业务发展迅猛，而编者水平有限，本教程可能会有颇多欠缺，希望有识者不吝指正！

编者

2015 年 10 月 15 日